épistémologie : pou...

homologie : ca...

invariant : ce qui ...

anthropologie : Étude de la dimension
sociale de l'homme

positivisme : Système philosophique
d'Auguste Comte qui rejette toute
investigation métaphysique +
voit dans l'achèvement du système
des sciences par la création d'une
physique sociale
le positivisme considère que l'humanité passe par trois étapes
théologique, métaphysique et positi...
Tout système philosophique qui
réunnut ... à priori métaphysique
voit dans l'observation des faits
positifs dans l'expérience l'unique
fondement de la connaissance

scolastique   relatif à l'école, Enseignement
philosophique et théologique propre dans
l'université du XIe au XVIIe s.
et dont le but était de concilier
la foi chrétienne et la raison
St Thomas d'Aquin Albert le Grand

connexionisme   Ensemble de conception psycholo...
dont l'objet et la modélisation des
processus d'acquisition de connaissances

de recherche et de traitement de l'information

Modèle explicatif fondant les croyances lié des raisons en sociologie de la connaissance

Science cognitives ensemble de Sciences qui portent sur la cognition (psychologie, linguistique, intelligence artificielle

circadien rythme biologique dont la périodicité est d'environ 24 H.

fixisme doctrine scientifique dont le créationnisme est une variante selon laquelle les espèces vivantes ont toujours été les mêmes et n'ont subit aucune évolution depuis leur création

Monisme doctrine selon laquelle tout ce qui est se ramène sous les apparences de la multiplicité à une une seule réalité fondamentale

À L'OMBRE
DES LUMIÈRES

Régis DEBRAY
Jean BRICMONT

À L'OMBRE
DES LUMIÈRES

Débat entre un philosophe
et un scientifique

© ODILE JACOB, SEPTEMBRE 2003

15, RUE SOUFFLOT, 75005 PARIS

www.odilejacob.fr

ISBN 2-7381-1092-4

SOMMAIRE

PRÉSENTATION

En publiant, en 1997, *Impostures intellectuelles*, livre dans lequel ils critiquaient l'usage abusif de terminologie empruntée aux sciences exactes par certains philosophes et représentants des sciences humaines, ainsi que le relativisme postmoderne, c'était une discussion de fond sur la crise et l'avenir de la raison que voulaient provoquer Alan Sokal et Jean Bricmont.

Ignorant les polémiques subalternes que ne manqua pas de susciter l'ouvrage, Régis Debray accepta volontiers l'invitation à débattre et rencontra Jean Bricmont, avec Alan Sokal, à l'occasion de la sortie d'*Impostures intellectuelles*. Ils purent alors discuter du théorème de Gödel, de l'usage que Régis Debray en avait fait dans *Critique de la raison politique*, et de la manière dont Alan Sokal et Jean Bricmont avaient contesté cet emploi.

Régis Debray et Jean Bricmont devaient continuer et approfondir ces échanges, et élargir le cadre du débat, d'abord par une correspondance, puis par de nouvelles rencontres dont *À l'Ombre des Lumières* constitue l'aboutissement.

Dialoguer n'est jamais facile, et l'est d'autant moins lorsque les interlocuteurs viennent de traditions et d'écoles différentes. Régis Debray est un littéraire et un philosophe ; Jean Bricmont, un scientifique et un physicien. Politiquement, l'un est républicain, l'autre plutôt libertaire. Néanmoins, ils se veulent avant tout des francs-tireurs, et non pas des représentants de tel ou tel camp. Après un premier chapitre où ils reviennent sur le débat suscité par *Impostures intellectuelles*, ils abordent les grands courants qui animent le champ contemporain de la connaissance, en passant du positivisme à la sociobiologie, des sciences cognitives à la définition de l'herméneutique, des invariants anthropologiques au rôle de la prédictivité, et ce sont leurs positions sur la vérité et l'objectivité, sur la méthodologie des sciences exactes et des sciences humaines, sur le statut du religieux et du politique, qu'ils confrontent.

Ce dialogue ne vise certes pas à résoudre, ou même à traiter de façon systématique, tous les problèmes abordés. Il reste ouvert. Les désaccords persistent. Mais une étape a été franchie sur le chemin qui mène d'une culture du cloisonnement à une culture du débat.

1

LE DÉBAT ET LA LOGIQUE

Humanités et sciences

RÉGIS DEBRAY — C'est en tant que physicien, frotté d'épistémologie, que vous êtes entré dans le débat intellectuel. Cette irruption sarcastique est apparue d'autant plus scandaleuse qu'elle avait l'air d'une ingérence en pays souverain. Vous savez bien que la coupure entre littéraires et scientifiques aggrave en France la crispation par clans et chapelles. J'ai été frappé, à Cambridge, de voir les uns et les autres se mêler et échanger très normalement. Je ne me souviens pas d'une atmosphère semblable à la rue d'Ulm au début des années 1960.

JEAN BRICMONT — Le lieu et la période que vous évoquez me paraissent significatifs. Louis Althusser, même s'il est rejeté aujourd'hui pour des raisons politiques, a eu, à mon sens, un effet durable et globalement négatif sur la façon dont les philosophes français abordent les sciences et leur épistémologie.

R. D. — Sans faire porter à la France tous les péchés de la tribu, l'hiatus est encore plus marqué ici. Par ailleurs, et c'est là une autre raison de violer nos tabous académiques, s'est instauré chez nous le mauvais côté de l'Amérique, sans le bon, celui d'une spécialisation professionnelle à outrance, alvéolaire, qui est en train d'obstruer les pores du milieu lettré.

J. B. — Ma critique ne porte que sur un certain *star system* qui influence le monde intellectuel, objet certainement moins vaste que « la France ». Quant à la spécialisation, elle est encore plus forte en sciences naturelles où elle me semble absolument nécessaire, même si on peut le regretter. Je reconnais volontiers avoir tendance à m'intéresser à trop de choses qui sortent de ma discipline.

R. D. — Ce dont je vous félicite. Voyez tel spécialiste de tel domaine, abonné de tous les colloques sur la question. Après trente ans de tournage en rond dans sa spécialité, l'imbécile instruit n'aura plus aucune problématique d'ensemble, ni de curiosité pour rien. C'est l'idiotie dispersive, disait Auguste Comte. D'où l'intérêt pour nous de confronter nos idioties respectives.

J. B. — Pour revenir aux années 1950 et 1960, il me semble qu'on assiste chez les philosophes de cette époque à un rejet de la philosophie traditionnelle et à un tournant vers les sciences humaines ou l'histoire. C'est vrai pour Althusser, Bourdieu, Foucault, un certain nombre de lacaniens. Notez qu'un tournant semblable s'était produit parmi les philosophes regroupés au sein du Cercle de Vienne, dans les années 1920, sauf qu'eux s'étaient tournés vers la logique et les sciences naturelles. En France, on se tourne vers les sciences humaines. Il faut dire que l'on peut comprendre ce rejet de la philosophie traditionnelle lorsqu'on lit, par exemple, un sujet sur lequel Jean-François Revel était appelé à disserter : « Étant donné qu'un rocher est une création de mon entendement, est-il possible que je sois tué par la chute d'un rocher, puisque je serais alors écrabouillé par l'une de mes propres représentations ? » Problème à résoudre d'extrême urgence, comme il le note ironiquement, dans son *Histoire de la philosophie occidentale*.

R. D. — Les idéalistes ont toujours quelque difficulté avec les solides. L'abus d'intériorité, c'est la maladie professionnelle.

J. B. — La difficulté est que ce genre d'abus prépare mal les étudiants à maîtriser la démarche scientifique, empirique et sceptique. Et, s'ils veulent faire des sciences humaines, à faire réellement de la science.

R. D. — J'admets volontiers la critique. Encore faudrait-il la nuancer. Pour le dire au galop, le mouvement fut double dans ces années-là. D'une part, il y eut importation de modèles bien établis. Un certain néopositivisme d'outre-Atlantique côté sciences humaines dans l'immédiat après-guerre. D'autre part, il y eut greffe de scientificité un peu hâtive. Que ce fût en rompant avec l'humanisme du jeune Marx que récusait Althusser ou en cédant aux absolutismes linguistiques dans la foulée du

Cercle de Prague, on rêva de la grande explication finale, structurale et si possible algorithmique.

J. B. — C'était bien là le problème.

R. D. — Les jeunes philosophes eurent envie de se donner des lettres de science comme d'autres se donnaient des lettres de noblesse. Il n'empêche qu'un Edgar Morin ou, différemment, un Michel Serres se sont alors tournés vers les sciences naturelles.

J. B. — Reste à savoir si chez eux la relation aux sciences naturelles est de l'ordre de la métaphore ou de l'analyse conceptuelle. D'autre part, l'esprit de système, opposé à la démarche des sciences naturelles, a pu mener certains à croire qu'on pouvait obtenir à peu de frais une explication totale du phénomène humain. Quel que soit le système, psychanalyse, marxisme, structuralisme, on finit par se rendre compte que la construction est douteuse.

R. D. — Découverte tardive et néanmoins salutaire…

J. B. — Mais l'on adopte alors souvent une attitude radicalement antiscientifique, et l'on accuse la science de mener au totalitarisme ou au technocratisme ! Alors qu'il n'y avait rien de scientifique dans la construction abandonnée. Pis, on tombe parfois dans une forme ou une autre de spiritualisme !

Spécificité française ?

R. D. — Peut-être y a-t-il là une équivoque sur les termes. Les « sciences naturelles » ne renvoient pas seulement aux sciences physiques ou exactes, mais aux sciences du vivant. Et aujourd'hui à la biologie. Des philosophes comme Georges Canguilhem ou François Dagognet, en raison de leur réelle compétence médicale, ont pu discuter de l'intérieur avec des hommes de laboratoire. Leur maître, Gaston Bachelard, leur avait ouvert la voie en croisant les genres, en montrant que l'on pouvait passer de la psychanalyse du feu à des considérations sur la relativité, sans que l'un gênât l'autre.

J. B. — Le style de Bachelard est fort poétique. De plus, il est possible qu'il soit, au moins à travers la lecture qu'en a faite Althusser, une des sources du constructivisme contemporain.

R. D. — Cela s'appellerait tomber de l'autre côté du cheval.

J. B. — Chez Althusser, on trouve la légitimation d'une science sans faits, ou en tout cas sans tests empiriques. Il part d'une critique virulente de l'empirisme, présenté sous une forme excessivement naïve, à savoir la science comme « lecture » du monde. Mais *in fine*, chez lui, tout est construction d'objet. L'observation ou l'expérience ne jouent plus aucun rôle. On retombe alors dans l'apriorisme, la scolastique et l'étude de textes sacrés.

R. D. — Vous caricaturez à votre aise. Mais je reconnais personnellement que la scientificité structuralo-marxiste m'a laissé sur ma faim. Je suis parti de l'École en 1961 faire des études *in vivo*, à Cuba et en Amérique latine. Un fâcheux contre-pied : au moment où, à Paris, l'on réfléchissait sur l'objet petit *a* ou la coupure épistémologique, je tentais d'examiner les conditions d'une lutte armée dans les Andes.

J. B. — Cette page de votre vie contraste, je le reconnais, avec les théorisations des révolutionnaires en chambre. Même si cela ne constitue évidemment pas une expérience au sens scientifique du terme.

R. D. — Une critique des excès du « constructivisme » n'apporte pas une réponse à la question : y a-t-il des sciences humaines, au sens fort du mot ? J'ai entendu un jour Lévi-Strauss se poser la question ; ce qui, dans sa bouche, ne manquait pas de saveur puisqu'il fait souvent figure de parangon. Mais ce jour-là, en pyrrhonien narquois, il notait l'actuel effritement du domaine qui lui semblait le plus sûr, la phonologie, et comment la linguistique dite « structurale » était en voie de contestation. Je connais d'excellents sociologues, mais faire de la sociologie une science laisse rêveur, quand on connaît les effets d'autorité que peut produire ce genre d'allégation. Effet d'imposition prophétique, si on entend par là le fait de parler au nom d'un Autre. Ici, ce n'est pas Dieu ou l'ange Gabriel, c'est la Science qui garantit la parole du docteur porte-voix.

J. B. — Il reste néanmoins cette spécificité dans les rapports entre philosophie et sciences en France, qui trouve peut-être son explication dans l'hécatombe de 1914-1918 et une perte de jeunes talents scientifiques plus grande qu'en Allemagne ou ailleurs.

R. D. — Bien vu. Loin de l'aristocratisme prussien, la république égalitaire n'a pas épargné ses futurs cadres, dont les normaliens. Lesquels tenaient, de toutes les façons, à être en première ligne.

J. B. — Cela pourrait expliquer l'absence d'interaction entre philosophes et scientifiques. Comparez les écrits de Bergson et Russell sur la relativité. Russell écrit un des premiers livres de vulgarisation sur le sujet, l'*ABC de la relativité*[1], tandis que Bergson se trompe carrément – bien que, dans son cas, il ne s'agissait pas seulement d'absence d'interaction, mais de refus d'écoute puisque des physiciens tels que Jean Becquerel, André Metz et Albert Einstein lui avaient patiemment expliqué ses erreurs[2]. Plus près de nous, Jacques Monod commençait *Le Hasard et la Nécessité* en combattant l'impact d'idées philosophiques (Engels, Bergson et Teilhard) sur la compréhension de l'évolution. Encore aujourd'hui, je ne suis pas sûr que celle-ci soit bien comprise dans la culture philosophique française.

R. D. — Elle est trop commode pour ne pas être gênante, cette expression de « philosophie française ». Drôle de fourre-tout…

J. B. — Il y a un milieu français…

R. D. — Certes.

J. B. — Il y a ce moule que constitue l'École normale supérieure.

R. D. — Il y a eu un milieu à la fois mental et matériel qui relève, effectivement, d'une ethnographie vernaculaire, d'une histoire locale, à laquelle ont participé, par chance, beaucoup d'étrangers. Que l'esprit qui en résulte soit si réfractaire aux dispositifs d'expérimentation et de calcul, aux machineries, aux instruments et à l'humilité qui ont un rôle dans la production d'un résultat scientifique, cela reste à prouver. Évidemment, on ne peut parler de la construction du temps social comme si les rythmes circadiens et les cycles cosmiques n'existaient pas indépendamment de nous. Mais de là à faire un absolu de la nature objective et neutre, du réel en soi ! Ce renversement polémique me laisse dubitatif.

J. B. — Ce qui me frappe, c'est que les courants philosophiques dominants en France au XXᵉ siècle sont tellement opposés à ce qu'ils étaient au XVIIIᵉ siècle. À ce moment-là, l'intérêt pour la connaissance scientifique et la volonté de la diffuser étaient forts, alors qu'aujourd'hui on a trop souvent affaire, chez bon nombre de philosophes, à un mélange d'ignorance et d'hostilité.

R. D. — Je proteste. Il est certain qu'une singularité française s'affirme au XVIIIᵉ siècle. Mais quelle est-elle ? C'est une sociabilité d'aller et retour, où le savant participe à la vie des salons, sans murailles académiques, en homme de la cité, immergé dans les luttes d'influences, et qui sait au besoin manier la pointe et la métaphore. Il y a de la marquise là-derrière, mais cela a engendré un style d'intervention, voire d'existence, qui n'a pas que des mauvais côtés. Voyez l'intérêt de d'Alembert pour les mathématiques, ou celui de Diderot pour les sciences naturelles, ou encore les échanges chez Mme du Châtelet : le souci littéraire ne se départage pas de la recherche scientifique. Peut-être lui doit-on, à cette tradition, un Michel Leiris ou un Lévi-Strauss. Où classer un chef-d'œuvre comme *Tristes Tropiques* ? Science ou littérature ?

J. B. — Je n'en sais rien, mais revenons à la question : où sont passées les Lumières aujourd'hui ?

Une « méchante » polémique

R. D. — Ce sont bien les Lumières et leur part d'ombre qui font question entre nous. Mais, avant d'y venir, et pour m'opposer à votre tableau monochrome de l'intelligence française, je préférerais distinguer entre discours consistants et discours inconsistants.

J. B. — Comme je l'ai déjà dit, je ne dresse pas un tableau monochrome de l'intelligence française en général. Pour ne citer que quelques noms connus, Bouveresse, Monod et Changeux sont français. Mais que voulez-vous dire par consistants et inconsistants ?

R. D. — Ne commençons pas avec les noms propres, il y aurait trop à dire, sur le premier cité en l'occurrence. Restons dans le général. La différence entre le creux et le plein, cela se détecte à l'oreille, au premier coup d'œil. Certains essayistes tentent d'enquêter, de construire une cohérence, de définir leurs mots ; d'autres marchent à l'esbroufe dans le fil de l'actualité, qu'ils nous renvoient en écho. Cela dit, comme il y a des dérapages et des faux-semblants, un regard extérieur et critique est toujours le bienvenu.

J. B. — C'est ce qu'Alan Sokal et moi-même avons essayé de faire.

R. D. — Sur l'intention même de votre livre, *Impostures intellectuelles*, j'étais pleinement d'accord, et le canular de *Social Text* m'avait réjoui. Vous auriez pu, tous deux, m'opposer, non sans motif, un certain goût du zigzag à travers champs. Vous avez surtout eu raison de me donner tort au sujet d'une malencontreuse phrase sur l'incomplétude...

J. B. — Vous faites preuve de plus de modestie que d'autres.

R. D. — Néanmoins, si votre molécule – le départ entre le vérifiable et l'infalsifiable – était roborative, l'excipient m'a semblé imbuvable. Si vous n'êtes pas poujadiste vous-même, vous avez fait le bonheur du poujadisme intellectuel qui, dans ce pays, ne dort jamais que d'un œil. Vous avez bigrement bousillé le travail par des procédures de « méchante » polémique.

J. B. — Ce livre, je le craignais lorsque nous l'écrivions, risquait de contenter des scientistes obtus qui en concluraient que toute réflexion philosophique est perte de temps et gaspillage de l'argent des contribuables, ainsi que des réactionnaires qui l'utiliseraient pour attaquer une fois de plus « l'esprit de 68 ». Ou encore des gens qui y verraient une attaque contre « la France ». Je pense que nous avons été prudents pour éviter ces écueils. En outre, même si beaucoup d'eau a coulé sous les ponts depuis 1968, je reste un enfant de Mai à bien des égards, certainement en ce qui concerne la mise en question de l'argument d'autorité dans l'enseignement. Or quoi de plus autoritaire que l'obscurité du discours ? Critiquer le discours d'ex-contestataires devenus mandarins me semblait justement être parfaitement dans la continuité de l'esprit de 68.

R. D. — Les mandarins, rassurez-vous, ne me reconnaîtraient pas comme un des leurs.

J. B. — Sous les roses que vous avez bien connues dans le temps se cachent les épines. Réglons donc cette ancienne dispute.

R. D. — J'entends par méchante polémique l'amalgame hâtif, la citation hors contexte, l'incompréhension des sauts et niveaux de langage...

J. B. — Mais c'est pour éviter cette impression, quitte à renforcer la personnalisation de la polémique, que, sauf dans le chapitre sur Gödel, nous n'avons pas procédé par thèmes...

R. D. — Cependant, au-delà de l'amalgame, votre livre fragmente, découpe, décontextualise les textes sans référence à leur problématique et au projet qui les anime. Vous aviez mieux à faire que de lire *in extenso* ma *Critique de la raison politique*[3], mais une page sur quatre cent soixante, c'est un peu court.

J. B. — Notez que nous avons lu plus que vous ne semblez le penser. Pour ce qui vous concerne, nous avons insisté sur la position plus prudente que vous aviez adoptée devant la Société française de philosophie[4]. Mais il est vrai que nous n'avons pas voulu discuter les thèses sur le fond. Notre livre attaque une forme d'intimidation du lecteur consistant à utiliser une terminologie savante hors de tout contexte.

R. D. — D'où mon reproche. N'est-ce pas une procédure de méchante polémique que d'entremêler les cibles ? De mettre dans le même sac une idéologue couleur du temps qui passe et un penseur positif, rigoureux, disons Bruno Latour ?

J. B. — « Rigoureux », est-ce le mot ? Il me semble qu'il y a chez lui pas mal d'astuces rhétoriques. Par exemple, dans un article publié par *La Recherche*, il soutient qu'avant sa découverte en 1882 par Koch le bacille de la tuberculose « n'a pas de réelle existence » et que ce serait un anachronisme de dire que le pharaon Ramsès II est mort de tuberculose[5]. On trouve chez Latour quantité de telles déclarations flamboyantes et paradoxales. Si un contradicteur pointe le nez – j'en ai fait l'expérience directe lorsqu'il est venu comme conférencier dans mon université, avant la parution d'*Impostures intellectuelles* – et s'étonne de cette forme radicale de constructivisme, il vous répondra que vous ne l'avez pas compris. Le malheur, c'est que je n'arrive jamais à voir dans ses éclaircissements comment il sort de ce constructivisme radical sans retomber dans des banalités. La position des sociologues des sciences britanniques constructivistes, tels que Barnes ou Bloor, avec qui nous avons eu aussi des débats et qui sont peut-être plus ouvertement relativistes que Latour, me paraît profondément erronée, mais au moins elle est intelligible.

R. D. — Nous ne nous accorderons pas sur Latour, et nous aurons certainement à reparler de ses travaux que vous brocardez trop facilement. Cependant, ne voyez-vous pas en quoi de tels penseurs entendent rompre, précisément, avec ce « monothéisme » idéologique qui a caractérisé la période que vous blâmez ?

J. B. — Néanmoins, le problème n'était pas tant tout ce qui se disait alors, mais le terrorisme intellectuel qui accompagnait ces discours et dont certains ont eu certainement à souffrir. Ce terrorisme n'a pas disparu, il a changé de camp. Aujourd'hui on assassine idéologiquement au nom des droits de l'homme, de la démocratie plutôt que de la théorie…

R. D. — Mais parfois encore au nom du théorème…

J. B. — N'exagérons rien. Mais reprenons l'affaire, moins pour elle-même que pour ce qu'elle peut indiquer de nos différences plus profondes.

Du théorème à l'homme

R. D. — Revenons-en aux faits puisque la manière dont vous m'épinglez, avec Sokal, dans *Impostures intellectuelles*, au sujet de mon emploi du théorème de Gödel dans ma *Critique de la raison politique* fut le premier motif de notre rencontre. Je ne ferai pas d'une formule d'exposition une question de principe ! Étais-je encore à la recherche, en 1980, date du bouquin que vous critiquez, de signes extérieurs de scientificité ? Inconsciemment, peut-être. Avoir alors mentionné une « généralisation du théorème de Gödel » est une expression gravement fautive, j'en conviens, mais qui ne me semble pas remettre en cause l'ensemble de la démarche. La manie de vouloir formaliser m'est un peu passée.

J. B. — Dont acte. Mais, plutôt que de simplement me répéter, j'aimerais avancer un peu sur le fond. D'abord, en ce qui concerne le théorème proprement dit.

R. D. — Mais était-ce là la question, ou plutôt la seule question ? C'est la logique *sui generis* propre aux rapports que les hommes entretiennent avec eux-mêmes et non avec les nombres ou les choses que j'ai appelée la « Raison politique » (mauvaise formule qui fait penser à une simple variante, une sorte de péninsule de la raison tout court alors qu'il s'agit d'une déraison *sui generis*). Et c'est dans la *Critique* de cette *Raison politique* (quel mauvais pastiche kantien, aussi prétentieux que fade, je ne suis pas doué pour les titres) que vous m'avez « cueilli » en flagrant délit de pose, plutôt que d'imposture, vous en conviendrez. Cela ne me vexe pas du tout, sachez-le. Mais à quelle rationalité répond, par exemple, l'acte de croire, apparemment déraisonnable mais inévitable puisque toute société vit à crédit (Valéry l'a fort bien relevé) ? Celle-ci, je l'ai personnellement cherchée dans l'hypothèse de l'incomplétude, selon laquelle aucun groupe humain ne peut se clore sans un principe de cohésion qui lui soit extérieur ou transcendant (« clôture » et « transcendance » exigeant d'être mieux définies). J'ai capturé hors de propos un concept nomade, et surinterprété Gödel ? C'est possible. Mais ce n'est pas de Gödel dont je suis parti pour déduire cette hypothèse explicative et, à la limite, j'aurais pu me passer de cette terminologie. Le grain m'intéresse plus que la paille.

J. B. — La question du politico-religieux est sans nul doute au fond de notre débat. Néanmoins, il y a un grand nombre de confusions à propos du théorème de Gödel, et je voudrais, au préalable, essayer d'en démêler certaines. Je ne suis pas logicien et ce champ de recherche a connu de nombreux développements depuis 1931. Je vais me limiter à certaines généralités, d'autant plus que la philosophie des mathématiques, si elle est faite sérieusement, me semble un des sujets les plus difficiles qui soient.

R. D. — Une leçon de logique est toujours bonne à prendre.

J. B. — Au cours du développement du calcul infinité-simal, les mathématiciens se sont rendu compte que certains de leurs raisonnements faisaient appel à des hypothèses implicites, considérées comme évidentes, ce qui a suscité, à partir de là, une « crise des fondements » presque permanente. Comment définir les nombres réels ? Quel sens donner aux limites ? Quelle notion d'ensemble adopter ? Comment fonder les mathématiques, leur conférer des fondements solides qui échappent aux paradoxes et ne contiennent aucune hypothèse cachée ? Après de nombreuses péripéties, on en est arrivé à l'idée de « fonder » les mathématiques sur une approche formelle, c'est-à-dire sur une forme de démonstration tellement sûre que même une machine totalement idiote pourrait (en principe) vérifier qu'une preuve formelle est correcte, c'est-à-dire qu'elle est bien une déduction obéissant à certaines règles en partant des axiomes. On aurait alors éliminé tout appel à l'intuition, au « c'est évident que... », qui avait, parfois mais pas si souvent que cela, induit les mathématiciens en erreur dans le passé. Deux questions se posent : l'une est de savoir si toutes les propositions vraies peuvent être démontrées de cette façon « mécanique » ; l'autre, si le système d'axiome est lui-même sûr. Limitons-nous à la première question, même si Gödel aborde les deux. Il y donne une réponse négative – il existe des propositions arithmétiques vraies qui ne sont pas déductibles à partir d'un système d'axiomes donné, quel que soit ce système. Est-ce tellement surprenant ? À première vue peut-être, mais, à la réflexion, je n'en suis pas si sûr. Après tout, l'arithmétique comprend une infinité de propositions portant chacune sur une infinité de nombres ; pourquoi ces infinités devraient-elles se laisser engendrer mécaniquement à partir d'un nombre fini d'axiomes ? Je ne vois aucune raison de le penser, *a priori*, c'est-à-dire même sans connaître le théorème de Gödel. Ce qui ne veut pas dire que la démonstration de Gödel n'est pas impressionnante. Mais son résultat est-il gênant ? À nouveau j'en doute. Ce qui gêne principalement l'immense majorité des mathématiciens, c'est qu'il existe un grand nombre de propositions intéressantes et en principe déductibles des axiomes, mais qu'on n'arrive pas à démontrer parce que leur démonstration est trop compliquée. Et cette limitation-là n'a rien à voir avec Gödel. Ce qui fait que, lorsqu'un mathématicien aborde un problème concret, il ne craint jamais – ou presque – de ne pouvoir le résoudre à cause du théorème de Gödel ; mais plutôt parce qu'il n'est pas assez malin. N'oubliez pas non plus que Gödel montre que certaines propositions « indécidables » sont vraies. Le formalisme ne permet pas de les démontrer, mais nous pouvons néanmoins voir qu'elles sont vraies. C'est une remarque élémentaire, mais qui est souvent oubliée par les philosophes qui aiment utiliser le théorème de Gödel pour disserter sur les limites de la connaissance. Vu ainsi, le théorème de Gödel élargit plutôt nos connaissances que le contraire.

R. D. — Cela a toujours été mon sentiment. D'où l'idée d'éclairer un phénomène historique encore inexpliqué en le reliant à une singularité logique admise, prouvée, connue, mais d'un autre champ. C'était risqué, je l'avoue. Aussi n'ai-je parlé personnellement que de principe ou d'axiome, car je sais malgré tout distinguer entre un axiome, indémontrable et un théorème, démontrable et démontré. Quitte à me répéter, comment expliquer la double articulation entre un dedans (un agrégat stabilisé d'êtres humains) et un dehors (la représentation collective d'un point de fuite) ? Comment surtout rendre cette bizarrerie accessible ou intelligible ? C'est alors, *fatalitas*, que je tombe sur le théorème de Gödel. Extrapolation. Analogie. Précipitation. J'ai bémolisé depuis ce que j'ose réduire à un *lapsus calami*. Dans ma communication à la Société française de philosophie, en 1996, je distinguais clairement entre une source possible d'inspiration et l'impossibilité d'assimiler un système politico-social à un système logico-déductif.

J. B. — Nous l'avions remarqué.

R. D. — J'ai souligné, dans cette même communication, que Gödel ne donnait, en dehors de son domaine de pertinence, aucune garantie – l'inférence hors contexte ne fait évidemment pas preuve. Simplement, ce qui m'avait retenu au départ dans son théorème d'indécidabilité, c'est un effet d'écho, une « homologie structurale » dans le paradoxe – celui qui articule la cohérence interne d'un ensemble social à l'existence d'un élément fédérateur incommensurable à cet ensemble. Je ne sais plus qui voyait dans les métaphores des « carrefours germinatifs ». Il serait stérile d'en faire des points d'arrivée, ce ne sont que des points de départ, des compromis d'attente, des étapes.

J. B. — À condition toutefois de considérer que le rôle d'une métaphore est d'éclairer une idée peu familière, et non l'inverse. La majorité des gens qui vous lisent ont certaines idées sur les sociétés humaines, mais n'ont jamais réellement étudié le théorème de Gödel.

R. D. — Soit. Mais la validité de l'incomplétude des collectifs m'apparaît suffisamment étayée par l'histoire empirique pour ne pas dépendre de telle ou telle expression.

J. B. — Non, mais cette référence constitue une forme, peut-être involontaire, d'intimidation du lecteur. Quant aux autres arguments sur ce que vous appelez l'incomplétude, appliquée aux sociétés humaines, nous y viendrons.

La paille et le grain

R. D. — Je comprends votre irritation sur les mésusages de Gödel. Vous me concéderez que, même alors, à un moment où le mythe de la scientificité impérative s'imposait encore à moi, je n'en ai pas fait l'usage sceptique habituel, pour diminuer les pouvoirs de la connaissance – alors que son théorème les élargit, comme vous le soulignez bien. Mon souhait était d'éclairer, indirectement, de l'inconnu par du connu. Pour en finir avec cette pomme de discorde qui n'en vaut pas la peine, je ne crois plus que les sciences sociales aient besoin de singer les sciences dures – le livre en question n'était au reste qu'un *essai* philosophique. Et je vous suis pour estimer que la désinfection métaphorique des vocabulaires peut faire une ascèse productive. La cohérence argumentative, dans ce domaine, devrait suffire.

J. B. — Mais l'irritation que je ressens, ainsi que de nombreux autres mathématiciens, lorsque nous assistons à certaines « extrapolations » au sujet de Gödel, et que vous me dites comprendre, c'est que, même en mathématiques, les conséquences du théorème ne sont pas entièrement claires et n'incitent pas nécessairement au pessimisme. Ce que Gödel et d'autres ont initié, ce n'est pas une mise en question de la force des mathématiques, mais plutôt une nouvelle branche de celles-ci, à savoir l'étude des systèmes formels. Loin d'indiquer une « limite » à nos connaissances, Gödel leur ouvre un nouveau champ qui a connu des développements remarquables et où l'on prouve des théorèmes, démontrés comme dans le reste des mathématiques, c'est-à-dire grâce aux raisonnements les plus rigoureux dont les êtres humains sont capables. Comment peut-on tirer de ce théorème des conclusions, ou même des indications, concernant l'étude des sociétés, en particulier des conclusions pessimistes ? Si le fond de votre pensée est qu'il existe des « limites » à ce que nous pouvons connaître ou aux types de sociétés que nous pouvons construire, alors je vous le concède volontiers. Mais je n'ai nul besoin de Gödel pour savoir cela, même en mathématiques.

R. D. — D'accord, les airs de famille, les effets d'écho, cela ne suffit pas. « Le rôle d'une métaphore est d'éclairer une idée peu familière, et non l'inverse. » Vous pensez que j'ai fait l'inverse, je pensais le contraire, mais dans le doute il fallait sans doute s'abstenir. Allons au-delà, la crainte des généralisations hâtives ne devrait pas nous détourner, permettez-moi d'y insister, de chercher dans tel ou tel domaine une loi de généralisation, quitte à froisser les microcultures académiques. Vouloir réduire la pluralité des phénomènes à un très petit nombre de lois naturelles me semble un penchant inhérent à l'esprit humain, sans lequel la science n'existerait pas. J'ai donc imaginé, et je me sens toujours en droit de le faire, non une idole de plus, un fondement universel et absolu – comme le sont Dieu, la Raison, le Progrès, l'Histoire, etc. –, mais une règle de syntaxe, pouvant venir intégrer un jour ce que Braudel appelait « la grammaire des civilisations », unissant un dedans tangible et un dehors invisible – mais non immuable, car on peut changer de valeur de référence, heureusement.

J. B. — Je n'ai rien *a priori* contre les lois générales dans l'étude des sociétés ; je souligne seulement que, s'il existe des arguments en leur faveur, le théorème de Gödel n'en fait pas partie.

R. D. — Oublions l'incomplétude qui vous donne de l'urticaire, et parlons, c'est un peu barbare, d'*hétéroréférence*. En clair, autogestion impossible (nos certitudes sont négatives ; c'est ce qu'elles ont de triste). De toute façon, ce ne sera jamais qu'une inférence ou un passage à la limite, présenté sous forme de principe ou d'hypothèse générale. Revendiquer, avec ces conjectures, un résultat scientifique serait plus que déplacé. Mais sur le terrain des humanités, moins bien outillé que celui de la science, le seul dont je me réclame, l'on peut également vouloir extraire un ordre invisible d'un désordre ostensible. Pierre-Gilles de Gennes faisait remarquer récemment que la recherche scientifique ne peut ni ne doit éviter d'en appeler à l'intuition et à l'analogie, pour trouver une forme simple là où le réel est complexe. Pour ce qui est du travail scientifique, dit-il en substance, on part souvent d'un phénomène bizarre : une mesure donne un résultat étrange qu'on ne comprend pas. Alors on essaie un tas d'idées complètement folles qui peuvent s'avérer vides comme un œuf creux. On tâtonne comme un aveugle, un peu comme à colin-maillard : votre partenaire porte un vêtement compliqué et vous ne pouvez l'identifier que lorsque vous arrivez à dégager de ce vêtement quelques lignes principales. Pareillement, dans la recherche disons grammaticale que je pratique, le problème est de simplifier une situation compliquée. Identifier une règle de fonctionnement, lui trouver une formulation simple en dégageant les grandes lignes et ne gardant que deux ou trois traits principaux.

J. B. — C'est bien là ce qu'il s'agit d'examiner, et où pourrait bien se révéler toute notre différence. Laissons de côté Gödel et voyons comment trouver ces « formes simples » ou ces « règles de syntaxe ».

2

LA RATIONALITÉ ET LA SCIENCE

Hume, Pascal et le miracle

RÉGIS DEBRAY — Ne pensez-vous pas que le défi de la raison, aujourd'hui, est de rendre compte aussi rationnellement que possible de tout le déraisonnable et l'irrationnel qui continuent de s'accrocher aux comportements humains, même si cela nous dérange ?

JEAN BRICMONT — Le fait que l'irrationnel me dérange ne m'empêche nullement de vouloir en rendre compte. Mais comment ? Avant de répondre, je veux insister sur le fait que, pour moi, la base de la démarche scientifique est un certain scepticisme. Pour illustrer celui-ci, qui est très différent du scepticisme radical ou du solipsisme, j'aime citer l'argument de Hume contre la croyance aux miracles[6]. Lorsque quelqu'un vous rapporte un fait miraculeux, il est plus plausible de croire qu'il se trompe ou vous trompe, parce que vous savez que l'erreur et le mensonge existent, plutôt que de croire à une violation des lois de la nature dont vous n'avez jamais été témoin. On doit poser la même question aux scientifiques, aux prêtres, aux psychanalystes, aux politiciens et aux journalistes : quels arguments me donnez-vous pour que je croie ce que vous me dites – dans la mesure où c'est surprenant – plutôt que d'attribuer vos propos au mensonge ou à l'erreur ?

R. D. — Pascal, à la même période, établit son apologétique de la foi sur l'Écriture, les miracles, les témoins. Ce qui ne prouve rien mais souligne chez un savant la singularité, peut-être irréductible, des logiques de croyance.

J. B. — Des expressions comme « logiques de croyance », par contre, me dérangent. Il n'y a pas plusieurs façons de raisonner qu'on puisse appeler « logiques ». Cette façon de parler m'incite à revenir en arrière : comment est-on passé, en philosophie, du XVIIIᵉ siècle à la mentalité actuelle ?

R. D. — Qu'il y ait du Thermidor dans le fond de l'air, que nous vivions une période de restauration, je vous le concède bien volontiers. Ce n'est pas nouveau. Entre Voltaire et Freud, il y a eu Chateaubriand et le *Génie du christianisme*. La fin d'une certaine béatitude rationaliste liée au mythe du Progrès universel tient aussi à un constat d'insuffisance des Lumières traditionnelles quant au rôle moteur des passions et de l'imaginaire. Je retrouve un peu cette naïveté, touchante d'ailleurs, dans vos propos sur le miracle. La position humienne là-dessus est d'une désarmante ingénuité. Elle transpose les règles du jeu d'un domaine, la connaissance et la *theoria*, vers un autre, hétérogène, la croyance et la *praxis*. Le problème du miracle n'est pas qu'il suscite des arguments pour ou contre, car il n'est pas destiné à produire des assertions vraies ou fausses. Vous appliquez les paramètres du discours orienté objet, propre au monde scientifique, à la sphère des attitudes orientées sujet, propre aux rituels religieux. Il y a pour le coup extrapolation par méconnaissance de la dualité et de l'hétérogénéité foncière des deux sphères qui ne répondent pas aux mêmes lois de construction. Ne parlons même pas des faits de croyance en général. Là encore, il faudrait distinguer. Il y a la croyance – conjecture, celle des suppositions, des indices et des scientifiques, une croyance raisonnable, autocontrôlée, « je crois que », c'est un moindre savoir. L'autre croyance est celle de l'engagement, de l'implication, la croyance existentielle qui ne se réfère pas à une plausibilité dans l'objet mais à une prise sur le temps, une anticipation de l'avenir, une promesse, c'est-à-dire en fin de compte, à un réflexe de vitalité dans le sujet.

J. B. — Je ne conteste pas, et qui le ferait d'ailleurs, que la croyance dépend de mobiles psychologiques qui ne sont pas rationnels. Ce que je conteste, c'est la séparation que vous introduisez entre les discours orientés objet et les discours orientés sujet. Lorsque Hume écrivait, la croyance au miracle était extrêmement répandue. Les gens qui y croyaient pensaient que ces faits s'étaient réellement produits, tout comme les créationnistes aujourd'hui croient que le monde a réellement été créé selon le récit biblique. Si vous voulez, le discours religieux est aussi « orienté objet ». On ne peut se focaliser sur la croyance comme besoin affectif et oublier qu'elle est aussi erreur intellectuelle. Par ailleurs, pour l'immense majorité de la population, dans nos pays, les convictions religieuses ont changé au cours des deux derniers siècles, entre autres parce que le discours scientifique et le discours philosophique, inspiré par les sciences, les ont remises en question. Il y a, à l'évidence, plusieurs aspects dans l'être humain, mais le discours religieux ne s'adresse pas seulement au « sujet » et il n'y a pas deux êtres humains séparés.

R. D. — S'il y a trois cerveaux d'âge différent dans l'encéphale humain, pourquoi n'y aurait-il pas plusieurs couches chronologiques chez le même individu ?

J. B. — Ce qui est fondamental, c'est qu'on ne doit pas étudier les différentes parties du cerveau ou de l'être humain par des méthodes qui diffèrent radicalement lorsqu'on passe d'une partie à l'autre. En outre, les trois cerveaux interagissent et on ne peut pas séparer les êtres humains en deux.

Au musée de Fatima

R. D. — En êtes-vous si sûr ? En vous écoutant parler des Lumières, je pensais au mot de Julien Gracq : « Ce siècle qui éclaire tout mais ne devine rien. » Que les savants prennent le pouvoir, et c'en serait fini de la guerre, de la religion, et de tant d'autres absurdes monstruosités ! Le progrès des connaissances serait tel que les champs de bataille, mais aussi Fatima et Lourdes, seraient désertés. Or on continue à se faire la guerre et à se rendre en pèlerinage dans ces sanctuaires, en masse, en voiture et en car, non plus à pied ou en carriole, et particulièrement en période de tension. Ou l'on se voile les yeux et l'on anathématise, ou l'on est fidèle aux Lumières et l'on veut comprendre. Et, paradoxalement, le musée de Fatima…

J. B. — Quel curieux exemple !

R. D. — Il se trouve que j'en reviens, j'aime enquêter sur place. L'« obscurantiste » Fatima, si vous préférez, a cristallisé dans une société en guerre, en 1917 ; et le musée Grévin de la bondieuserie qu'on trouve là-bas débute par des scènes de tranchées. Donc, corrélation déjà entre une conjoncture de tensions, peurs et désastres, et des apparitions « surnaturelles ». C'est insignifiant, ce rapport ?

J. B. — En premier lieu, je n'ai jamais souhaité, pour ma part, que les savants prennent le pouvoir ; je suis assez d'accord avec Bakounine lorsqu'il dit que le règne de l'intelligence scientifique serait « le plus aristocratique, despotique, arrogant et élitaire de tous les régimes[7] ». Mais je pense, et y insiste, que l'attitude scientifique bien comprise met en question le pouvoir et l'argument d'autorité. Quant au fait que la guerre et la misère peuvent favoriser les croyances irrationnelles, c'est quelque chose de relativement banal (et qui constitue d'ailleurs un argument contre les guerres qui sont supposées aujourd'hui répandre la démocratie et les droits de l'homme aux quatre coins de la Terre).

R. D. — Mais qu'est-ce qu'être rationnel sinon chercher des liens entre les phénomènes qui apparemment en sont dépourvus ? Je ne dis pas qu'une corrélation vaille explication. Mais qu'il faut prendre au sérieux ce qui semble illogique – y compris, et pour les mentionner en passant, le *logos* des Grecs classiques, la *ratio* des scolastiques médiévaux. Le drame du rationalisme abstrait que vous invoquez est qu'il a permis, voire entretenu, une irrationalité massive des conduites humaines, prisonnier qu'il était de ses présupposés. Il a décrété l'inconsistance *a priori* d'un certain nombre de phénomènes collectifs persistants et que, surtout, il ne fallait pas orienter les projecteurs de ce côté car la religion serait soluble dans la science. Oui, l'erreur est soluble dans la connaissance, mais pas les illusions. Il est dommage que l'on ait retourné contre les Lumières des champs de positivité que les Lumières n'avaient pas explorés. À mon sens, leur exploration représente une contribution au progrès des connaissances. Qui consiste à produire des hypothèses acceptables par tous, sur la base d'observations comparatives, moyennant inférences et propositions de modèles.

J. B. — Je pense, évidemment, que nous devons essayer de raisonner rationnellement dans tous les domaines – y compris lorsque nous étudions la croyance. Notre débat porte moins sur la question de l'existence ou éventuellement de la permanence de l'irrationnel que sur la façon de procéder pour étudier la question. Comment savoir comment fonctionne l'être humain ? Mon premier mouvement est sceptique. Quels sont les arguments empiriques en faveur de théories que l'on avance ? Où sont les prédictions bien vérifiées et un peu surprenantes qui font, comme vous le dites, de ces indéniables phénomènes des « champs de positivité » ?

Comte et les positivismes

R. D. — Justement, j'ai tiré profit de vos divers articles à caractère philosophique ou épistémologique, d'autant qu'ils recoupaient mes sujets de cours – la croyance, le scepticisme, le fanatisme. J'ai apprécié en particulier votre « Science et religion : l'irréductible antagonisme ». Vous savez qu'il arrive à Auguste Comte d'être au programme de l'agrégation en France ; mais peut-être pas qu'Auguste Comte est le seul auteur que je cite depuis vingt-cinq ans – non pas pour son épistémologie, bien sûr, mais pour tout ce qui touche au social. Vous comprendrez en tout cas que je me sois senti interpellé par votre « Comment peut-on être "positiviste" ?[8] », même si vous vous distanciez d'emblée de la doctrine du même nom. J'espère seulement que vous ne cédez pas au terrorisme du jour qui tient « positiviste » pour un gros mot sans avoir mis son nez dans un texte de Comte, l'inventeur du terme qui prête à tant de contresens.

J. B. — Le mot, en effet, joue aujourd'hui en philosophie le rôle de « stalinien » ou de « fasciste » en politique, sans plus aucun lien avec le sens original et avec pour seule fonction de permettre de discréditer l'adversaire. Mais je ne suis pas philosophe et j'avoue ne pas être un grand lecteur d'Auguste Comte.

R. D. — Comte était répétiteur en mathématiques à l'École polytechnique. Mais ce rationaliste a su faire le départ entre le subjectif et l'objectif. Il a élargi le réel au domaine de l'imaginaire et du sentiment, en comprenant que la vérité scientifique était incapable d'assurer la cohésion vécue d'une société. Aussi, sa religion de l'humanité réhabilite le fétichisme, le culte des morts et des images. Le même donnait des cours d'astronomie et d'algèbre. Ceci afin de nuancer votre vision d'une pauvre France des Lumières qui se serait tout à coup engloutie sous les voûtes du Sacré-Cœur.

J. B. — En ce qui me concerne, lorsque je parle de « positivisme », je pense plutôt à l'école « anglo-saxonne », qui en fait est en grande partie d'origine autrichienne, à travers le Cercle de Vienne, mais vient aussi de gens comme Bertrand Russell. Je pense donc au « positivisme logique », ou à son descendant actuel, la philosophie analytique, laquelle est dominante dans les départements de philosophie anglo-saxons (mais pas toujours dans ceux de Lettres !). Voilà l'un des mouvements philosophiques les plus intéressants qui soient et qui, si je ne me trompe, est fort ignoré en France. Peut-être pourrez-vous m'éclairer là-dessus, mais je me suis toujours demandé pourquoi les philosophes français se sont précipités, surtout après la guerre, sur la lecture de Heidegger et n'ont pratiquement jamais lu Russell. Après tout, à l'époque, tous les débats étaient fort poli-tisés et Russell était quand même plus proche d'eux, sur ce plan-là, que Heidegger ; comme explication, on pourrait suggérer qu'il fallait avoir une attitude scienti-fique pour aborder l'un et non pour aborder l'autre, et que cette attitude faisait défaut à beaucoup de philosophes français de l'époque. Il est quand même comique de constater qu'entre un ex-nazi plutôt obscur et méprisant pour les sciences et un logicien rationaliste, à la fois profondément démocrate et socialiste, le choix se porte sur le premier !

R. D. — Je partage votre étonnement. Pour ce qui est du « cas Heidegger », l'attitude lucide, à la fois objective et infiniment douloureuse, d'un Emmanuel Levinas semble exemplaire. Quant à l'idéologie politique, c'est un facteur explicatif insuffisant. Je n'ai moi-même jamais politisé l'enquête sur le réel, preuve en est que les conclusions auxquelles j'arrive, en théorie, contredisent bien malencontreusement les positions que je peux prendre ici ou là dans la pratique. Disons que je penche sentimentalement à gauche et que mes arguments pencheraient plutôt à droite !

J. B. — Je ne pensais pas à vous en particulier, mais à un certain air du temps, mélange de relativisme et de pessimisme quasi métaphysique.

R. D. — Merci beaucoup. À d'autres de plaider pour ce relativisme qui vous obnubile. J'en tiens pour l'existence de lois objectives et invariantes, quoiqu'encore très mal connues, qui président à la vie collective comme à la nature physique, et je ne prétends rien dynamiter. Darwin ne me paraît pas moins nutritif que Freud. Bref, je fais un mauvais client pour la *french theory*. Et l'histoire des techniques m'apporte et m'importe mille fois plus que nos linguisteries. Pas étonnant que les campus américains ignorent tout du genre de recherches

très matérielles et pragmatiques qui est le mien, y
compris en théologie. Voyez plutôt en moi un rejeton
des Lumières parmi d'autres, très en dessous de la tâche,
mais désirant bien faire.

J. B. — Mais le positivisme logique me semble être, avec
l'empirisme anglais et le matérialisme français du
XVIIIᵉ siècle, l'un de ces moments privilégiés de l'histoire
de la pensée où des philosophes se révoltent contre la
spéculation, l'étude de textes ayant un statut plus ou
moins sacré, et essaient de se tourner vers les sciences
naturelles dans lesquelles ils voient un idéal de rationalité bien supérieur à celui qu'ils ont hérité de leur formation. Au lieu de dédaigner l'expérience scientifique
et la réflexion logique et mathématique, ils se mettent à
les vénérer, parfois de façon excessive. Notez que ce
changement d'attitude ne signifie pas nécessairement la
mort de la philosophie, mais bien une autre pratique
que celle qui domine aujourd'hui en France.

R. D. — Accordons-nous donc sur ceci qu'on ne saurait
tirer argument des limites du savoir pour ériger la mys-
tique en solution, ni transformer les trous dans notre
connaissance, provisoires, momentanés, en arguments
contre la connaissance. Faites-moi, cela dit, la grâce de
croire que je ne tiens pas la science pour un discours
parmi d'autres, une « narration occidentale » qu'on pourrait mettre en symétrie avec une mythologie hopie ou
papoue, une fiction simplement plus crédible que
d'autres parce qu'étayée sur une domination de fait.

J. B. — Je l'admets volontiers. Mais un authentique
renouveau de la pratique philosophique impliquerait

que l'on étudie aussi rigoureusement que possible des problèmes tels que la signification ou la conscience, qui sont difficiles à étudier expérimentalement, et que l'on défende l'observation contre la spéculation, l'analyse contre l'amalgame, l'expérience reproductible contre l'intuition, la clarté du discours contre son obscurité et le débat public contre l'argument d'autorité.

R. D. — Ma déclaration en défense n'avait pas pour but de montrer patte blanche, mais d'insinuer qu'on peut, à partir des mêmes prémisses, emprunter d'autres voies que les vôtres. Car il me semble que l'héritage des Lumières n'est plus suffisant pour expliquer notre part obscure, et notamment la vitalité de tout ce qu'il a baptisé « superstition », « survivance » ou « archaïsme magico-religieux », pour se dispenser, je le crains, d'avoir à en rendre compte. Il me semble qu'une trop étroite épistémologie de la clarté peut finir par obscurcir les zones d'ombre, en les niant ou en les minimisant.

J. B. — Les débuts du positivisme logique ont été marqués, il est vrai, par beaucoup d'enthousiasme, d'esprit polémique, et pas mal de bêtises ont été dites, ce qui a permis ensuite aux défenseurs de la pratique traditionnelle de la philosophie de discréditer les « positivistes ». Mais il faut distinguer entre l'intention du mouvement, qui était bonne, et certains de ses excès. Le philosophe anglais Alfred Ayer, qui fut l'un des positivistes logiques les plus extrêmes, admettait volontiers que la plupart des thèses soutenues par le mouvement à ses débuts étaient fausses. Mais, parlant du Cercle de Vienne, il affirmait aussi que, là où « un sentiment nuageux d'élévation »,

« survit ou réapparaît » en philosophie, il doit faire face à la rigueur d'une critique dont « nous sommes largement redevables à ces héros de ma jeunesse[9] ». Quand on regarde le déluge de spéculation et d'irrationalisme qui s'est abattu suite au recul du positivisme, on ne peut que constater que la « rigueur de la critique » a de beaux jours devant elle.

R. D. — Et qu'un certain fanatisme de la Raison peut faire le jeu des irrationalistes, en laissant à la divagation le champ libre, pour faire accroire qu'il y a de l'inconnaissable et de l'indescriptible en soi, qu'on n'y peut rien, *sckomça*, baissons la tête. C'est là, je le crains, encore un différend entre nous.

J. B. — Il peut y avoir de l'inconnaissable dans le domaine des sciences naturelles. Notre différend ne porte pas sur cela mais sur ce qui nous permet d'affirmer que l'on possède une connaissance fiable d'un aspect de la réalité, « naturelle » ou « humaine ». Et, dans les deux cas, je maintiens la nécessité de partir d'une attitude sceptique.

Statut de l'irrationnel

R. D. — Votre scepticisme ne tarde pourtant jamais à se changer en optimisme. La face gênante de l'être-ensemble, ce volant d'inertie des sociétés où l'on trouve de l'adhérence aussi bien que de l'enthousiasme, tout ce que l'on désigne comme passion, mythe, sacré, idéologie, représentation, etc. – dont ce qui se passe aujourd'hui autour de Jérusalem nous donne un échantillon représentatif mais nullement exclusif –, vous l'imaginez comme un facteur résiduel, peu à peu chassé dans les marges par les progrès de la science et de la technique. Vous me dites ne pas adhérer à l'utopie d'un gouvernement scientifique qui engendrerait des communautés à conduite rationnelle. N'êtes-vous pas cependant un peu comme les adeptes de Condorcet qui comptaient sur les avancées de la scolarité, et sur la séparation de l'Église et de l'État, du religieux et du séculier, pour faire reculer les préjugés et les billevesées mythologiques ? Ou comme Engels qui promettait l'évanouissement du reflet religieux suite à la prise de possession sociale des moyens de production ? Je ne voudrais pas réduire ni caricaturer, mais je me demande si votre robuste optimisme n'anime pas, chez vous, une secrète conviction selon laquelle un jour, plus ou moins lointain, la société en aura fini avec l'horreur en politique quand le vulgaire ne commettra plus d'erreurs en physique.

J. B. — J'admets volontiers que vous n'êtes pas explicitement irrationaliste ou relativiste, même si vous êtes souvent excessivement pessimiste. Quant à l'idée que l'horreur politique disparaîtra avec la fin des erreurs en physique, je n'ai jamais dit ou pensé une chose aussi idiote ! S'il existe un lien entre progrès scientifique et progrès social, le lien est bien plus subtil que cela.

R. D. — J'aimerais tempérer l'excès de pessimisme que vous me prêtez. Cette part maudite, on peut la diminuer, bien heureusement – c'est à quoi sert la démocratie. Je doute qu'on puisse l'éliminer jamais. La sphère du dogmatique est « nébuleuse », mais ce n'est pas un simple nuage que viendraient dissiper un peu plus de *self-control* intellectuel chez les *leaders* démocratiques et une meilleure diffusion des sciences exactes chez les masses. Oui, il faut distinguer entre raison et mythe, entre fait et fiction ; mais aussi accepter la fiction comme un fait. La vision de Jérusalem comme lieu saint n'a rien d'une fiction bénigne pour les juifs et les musulmans qui s'entre-tuent. « Tout ce qui est réel est rationnel », n'est-ce pas ? Or les croyances sont réelles. Donc…

J. B. — Donc, les croyances sont rationnelles ! C'est le genre de langage qui risque de nous induire en confusion. Ce sont nos théories sur le monde, y compris sur l'irrationnel, qui sont rationnelles (ou non). Ensuite, que voulez-vous dire par « tout ce qui est réel est rationnel » ? Ce n'est pas très darwinien de faire comme si tout le réel devait être compréhensible par ce petit ver de terre que la pression de la sélection naturelle a muni d'un cerveau et qu'on appelle l'homme. On ne peut pas décider *a priori* que tout le réel nous est accessible ou que nous pouvons le comprendre entièrement. Par contre, on peut distinguer ce qui est rationnel et ce qui ne l'est pas. Bien sûr cette opposition est un peu vague et évolue avec le temps. Néanmoins, on peut clairement distinguer deux pôles. Les sciences naturelles et les mathématiques font partie de ce qu'il y a de plus rationnel dans nos conceptions tandis que l'astrologie, la plupart des médecines dites parallèles, les religions ainsi qu'une bonne partie du discours politique appartiennent au pôle opposé.

R. D. — Je serais d'accord avec vous pour distinguer, du haut en bas d'une échelle de rationalité, le pôle physico-mathématique et le pôle politico-religieux. À ceci près que cela suggère l'idée d'un déficit, d'une dégradation, d'une pente à remonter, allant du dernier pôle au premier. J'ai personnellement choisi de voir dans le politico-religieux un plein, un ordre en soi, contraignant, constitutivement rebelle au premier pôle et possédant sa propre législation. Et ce faisant, je n'ai pas l'impression de vouloir brouiller les frontières entre rationnel et irrationnel, comme les postmodernes que vous n'aimez pas, mais d'étendre – au moins est-ce la visée, même si les résultats ne vous convainquent pas – les domaines de souveraineté de l'entendement humain.

J. B. — Comment allez-vous découvrir ce que vous appelez la « législation » de l'ordre politico-religieux ?

R. D. — Nous savons bien qu'il n'y a pas d'expérimentation possible sur les sociétés et que le test crucial est impossible.

J. B. — Dans une bonne partie des sciences naturelles – astronomie, géologie, théorie de l'évolution –, on doit également se fonder sur des observations et pas seulement sur des expériences.

R. D. — Doit-on alors s'en tenir à l'historiographie ? Comme philosophe, je cherche à aller plus loin, tout en prenant en compte, autant que possible, la documentation accumulée. Je cherche à passer des effets aux raisons de ces effets, et donc à avancer des principes d'intelligibilité. Faute de pouvoir « être testées de façon probante », d'accord, ce ne seront que des hypothèses. Comment, dès lors, distinguer l'élucubration gratuite de la spéculation sérieuse et informée ?

J. B. — Mais découvrir les « raisons » derrière les « effets »,
avoir une explication causale d'un phénomène quel qu'il
soit, voilà exactement ce que tente de faire la science.
Or, comment le faire sans tester nos hypothèses sur les
« causes » en les faisant varier et en observant leurs conséquences ? Et s'il est impossible de suivre cette démarche
pour des raisons pratiques ou éthiques, par exemple en
ce qui concerne l'être humain, il faut simplement
admettre qu'on ne connaît pas les véritables causes. Cela
dit, nous faisons des progrès dans nos connaissances, y
compris sur le psychisme humain, mais qu'il y ait des
limites à ce progrès me semble également indubitable...

R. D. — Je suis heureux de l'entendre.

J. B. — Mais ces limites nous sont presque totalement
inconnues...

R. D. — Et donc...

J. B. — Donc, d'un point de vue pratique, l'avenir est
ouvert.

Le pouvoir d'explication

R. D. — Mais toujours à l'intérieur de certaines limites.
Afin de justifier vos conclusions, me dites-vous en substance, vous devriez donner des arguments portant sur
les êtres humains et leur comportement social, non sur
la logique mathématique. Votre conseil me sied à ravir
car je me suis toujours senti un peu étranger chez les
philosophes et plus en famille chez les historiens et les
géographes. « Le premier mouvement des uns est de

consulter les livres, disait Valéry ; le premier mouvement des autres est de regarder les choses. » Dans ce domaine, j'ai tout de même subi quelques leçons de choses en quittant les enceintes universitaires pour zigzaguer dans le monde militant, militaire, administratif et étatique. Trente années de mésaventures, c'est infinitésimal, certes, et je me garderai d'en faire un argument d'autorité. Mais tout liseur que je sois – pas de mathématique hélas, ni de physique – et porté sur la chose littéraire, la clôture livresque de vos postmodernes n'est pas mon fort.

J. B. — Mais il y a une grande différence entre « regarder les choses » et faire des expériences ou des observations scientifiques. Notez que je ne prétends pas que la science, au sens « expérimental » où je l'entends, soit capable de résoudre la plupart des problèmes auxquels prétendent répondre les sciences humaines ou d'atteindre le type d'appréhension non théorique de l'être humain auquel la littérature nous donne accès. Bien que cette remarque soit évidente, elle est loin d'être toujours comprise. La psychanalyste Élisabeth Roudinesco croit critiquer ce qu'elle nomme le « scientisme » en l'accusant d'être une « théologie laïque », « prétendant résoudre tous les problèmes humains par une croyance en la détermination absolue de la capacité de La science à les résoudre[10] ». Mais Russell, par exemple, soulignait que les penseurs comme lui admettent honnêtement que « l'intellect humain n'est pas capable d'apporter des réponses concluantes à de nombreuses questions essentielles pour l'humanité, mais qu'ils refusent de croire qu'il existe un chemin "supérieur" de la connaissance par lequel on peut découvrir des vérités cachées à la

science et à l'intelligence[11] ». Il y a un monde de différence entre ces deux assertions, entre l'affirmation cari-
caturale que la science ne connaît pas de limites et l'idée
modeste que ce que nous pouvons réellement connaître,
nous le connaissons par des moyens scientifiques.

R. D. — D'accord sur la limite ascétique, même si l'on
peut préférer Kant à Russell. Il me semble bien présomptueux de dire, avec Marx : « L'homme ne se pose que
des problèmes qu'il peut résoudre. » L'être-ensemble
pose à l'homme des problèmes insolubles, comme la
conciliation entre liberté et égalité par exemple. On est
condamné, là-dessus, à choisir entre les inconvénients.
Mais revenons aux faits de croyance. Les manières scolastiques du positivisme logique et de la philosophie
« américaine » à cet égard me sidèrent. On peut lire cent
pages sur la croyance chez un cognitiviste français qui
se réclame de cette mouvance, sans trouver un seul
exemple historique ou ethnographique, mais en ren-
voyant, à peu près à chaque phrase, à un texte, un
modèle ou un nom d'auteur, ou d'école – comme au
Moyen Âge, dans la *disputatio* des « sorbonnicoles » où
la citation vaut preuve, ou quasiment. Si c'est cela, une
démarche scientifique (disons : jargon + références auto-
risées), je préfère rester « littéraire », mais près des choses
de la vie, à les décrire et tenter de les comprendre. À la
faculté de philosophie de Lyon, j'ai conduit un sémi-
naire sur l'automobile. Au moins, cela force à sortir du
commentaire de texte, et sur le sujet il n'y a pas de classiques, quel bonheur ! Tout est à inventer.

J. B. — Franchement, je préfère souvent lire quelques
pages de cognitivistes qui, au moins, admettent que leur

démarche doit être soumise à des critères scientifiques et qui essaient de formuler les questions de façon précise plutôt que des centaines de pages de descriptions vagues qui ne sont ni de la littérature ni de la science. Notez que ce qui me rend si sceptique, ce ne sont pas tant les succès de la démarche empirique, mais ses échecs. Si l'on pense à toutes les erreurs advenues en physique, où l'on peut faire des mesures précises et répéter les expériences, comment croire que l'on possède une connaissance approfondie de l'humain, alors que nous possédons là moins de données précises et reproductibles ? Cela dit, je ne nie évidemment pas que l'on puisse faire des progrès ni que l'on puisse sans doute dire de l'humanité ce que Sénèque disait des comètes (sur lesquelles on ne peut pas non plus faire d'expériences). À savoir que, par une étude suivie de plusieurs siècles, les choses actuellement cachées paraîtront avec évidence, et la postérité s'étonnera que des vérités si claires nous aient échappées.

R. D. — Soit. Quels sont, dès lors, les critères d'une hypothèse théorique qu'on peut dire plausible ? J'en vois trois principaux. Le premier : un certain pouvoir explicatif face aux données de l'expérience, présentes et passées. L'hypothèse « incomplétude » donne une logique à des phénomènes d'apparence illogiques. Vous citez Sénèque. Pour rester dans la sphère antique, je vous renvoie à Épicure et à sa divinisation par les épicuriens constitués en école – Lucrèce inclus, lui l'inventeur du matérialisme ! Et de là, à la sacralisation de Marx par les marxistes – dès lors que ces libres-penseurs ont voulu se « clore » en parti. Et de là encore à la violation formelle du testament de Hô Chi Minh, demandant que l'on disperse ses cendres et qu'on n'érige pas de statue, par les autorités communistes vietnamiennes. Me contentant de citer trois « curiosités » historiques, je vous demande : d'où peut bien provenir pareille récurrence ?

J. B. — Je dois vous dire que ces faits, et bien d'autres du même genre, sont souvent mentionnés et ne me sont pas inconnus. Mais on ne peut pas tirer de théories à partir d'un amoncellement de faits qui attirent spontanément notre attention. Au contraire, lorsqu'on a une véritable théorie, c'est-à-dire quelque chose que l'on peut tester, on s'aperçoit que des faits *a priori* sans grande importance ou inconnus deviennent très significatifs. Je pense par exemple à l'orbite de la planète Mercure, qui est très légèrement en désaccord avec les prédictions de la théorie de la gravitation newtonienne, ou à la déflexion de la lumière par le soleil, faits qui ont fourni des arguments en faveur de la relativité générale d'Einstein. Ou encore aux pois de Mendel, origine de la génétique. Ces faits ne deviennent significatifs que parce qu'ils offrent la possibilité de tester une théorie par rapport à une autre. Mais ils n'attireraient pas nécessairement l'attention de quelqu'un qui « regarde les choses ».

Sur la prédictivité

R. D. — Il ne s'agit pas que de les « regarder ». Précisément, le deuxième critère d'une hypothèse théorique plausible me semble être une certaine capacité prédictive, indiquant de quel côté vont tomber les choses.

J. B. — Les astrologues font aussi certaines prédictions correctes ; mais ils en font aussi beaucoup qui ne le sont pas. La question est de savoir dans quelle mesure les prédictions sont précises, systématiques, surprenantes, et réellement déduites de la théorie.

R. D. — Certes, mais n'oublions pas la différence de nature entre des rapports techniques et des rapports pragmatiques, le propre de ces derniers étant d'être improgrammables. Ainsi, pour prendre un exemple, quand une conversation s'engage, on ne sait pas où elle mènera.

J. B. — Mais, ici, on passe au domaine du vécu. Ce que je voudrais élucider, c'est ce que signifie « science » dans l'expression « sciences humaines ». Je ne vois vraiment pas comment faire de la science sans formuler des hypothèses aussi précisément que possible, en déduire des conséquences observables et comparer ces prédictions et la réalité. Je ne connais aucun scientifique ni aucun philosophe des sciences un peu sérieux qui nie cela. Si on retire ces principes, alors je ne vois aucune raison de croire ce que disent les scientifiques : je ne crois ni, *a priori*, dans leur autorité – qui est, elle, une véritable construction sociale ; ni dans le fait qu'ils enseignent dans les universités – les théologiens le font aussi ; ni dans quelque vérité révélée provenant d'un texte sacré ou autre. Je n'imagine d'ailleurs pas qu'on insiste en physique sur un « retour à Einstein » ou sur une « lecture » de Newton comme on l'a fait avec Freud ou Marx. Parfois, on bat en retraite en disant que le discours ne se prétend pas scientifique. Mais de quel type de discours est-il alors question ? Sûrement pas des discours poétiques ou littéraires. Il s'agit d'œuvres théoriques, contenant pas mal d'assertions allant bien au-delà des observations immédiates et du sens commun, souvent exprimées dans un langage savant, et, science ou pas, je voudrais bien savoir quelles raisons nous avons de croire qu'elles sont vraies. Regardez les tonnes de livres publiés et les conseils pratiques (allant de la thérapie à la politique) qui sont donnés par les psychanalystes, les sociologues, les économistes, les pédagogues. Qu'est-ce qui, dans tout cela, va au-delà d'un sens commun un peu éclairé et, de plus, est *vrai* ?

R. D. — La Raison n'est pas une déesse immuable et monolithique, indépendante des instruments et des réseaux d'établissement des faits. Il y a des modèles de rationalité. Il y a des transformations de la rationalité. Il y a des paradigmes qui évoluent. C'est une banalité pour classe de philosophie, en secondaire.

J. B. — Oui, mais c'est le genre de classe dont j'ai tendance à me méfier. Des idées telles que « transformations de la rationalité » sont des tours de passe-passe philosophiques trop souvent admis sans examen. Si je veux tenir un discours à ce sujet, comment vais-je faire ? Comment vais-je parler rationnellement de la transformation de la rationalité ? La rationalité que je vais appliquer pour en parler sera-t-elle, elle-même, variable ? Si oui, en quel sens puis-je parler encore de rationalité ? En réfléchissant ainsi, on s'aperçoit vite que, même s'il est impossible de codifier explicitement les règles de la rationalité, on ne peut pas non plus faire comme si elle était multiple ou radicalement changeante.

R. D. — Vous apportez de l'eau à mon moulin. Quant aux différences ou aux distinguos qu'il me semble prudent de relever, on peut donner en exemple le fait que les rapports de l'homme aux choses, d'ordre technique, ont une logique évolutive que n'ont pas véritablement les rapports de l'homme à l'homme. Dans ce dernier domaine, le cliquet d'irréversibilité ne fonctionne pas (alors qu'après le tracteur on ne revient pas à la charrue). À preuve, et ceci éclairera le problème des « lectures » que vous posiez, parler de progrès en amour, en art ou en philosophie semble une absurdité.

J. B. — Comment cela ?

R. D. — Derrida serait-il plus « vrai » que Spinoza ? Picasso plus « beau » que Giotto ?

J. B. — Laissons l'art de côté. Le progrès existe en philosophie, en tout cas en philosophie des sciences. Mais il ne signifie pas que nous sommes plus intelligents que dans le passé et ce progrès est lié au progrès des sciences, qui nous permet de mieux distinguer entre connaissance véritable et illusion.

R. D. — J'aimerais en être sûr. L'illusion relève de l'inconscient, lequel ignore le temps. Comme la pulsion vitale. Le progrès de connaissances n'a guère prise sur eux. Cela n'exige pas pour autant une capitulation de nos facultés critiques. Postulons qu'il n'y a pas d'inconnaissable, s'il y a de l'inconnu ; et qu'il n'est rien en ce monde qui ne soit en droit descriptible et modélisable.

J. B. — On trouverait ridicule que tout soit connaissable par un chien. Que « tout » soit descriptible par les animaux que nous sommes est une illusion héritée de la

religion, même chez certains rationalistes. Il n'existe pas
de dieu tout-puissant qui nous a créés à son image.

R. D. — Mais ce Dieu que nous avons créé nous donne
une assez bonne image de l'homme. La théologie n'est
pas la pire des voies d'accès à une anthropologie raisonnée. Celle-ci pose, entre autres questions, celle de savoir
comment articuler ce qui change et ce qui ne change
pas dans la réalité humaine.

J. B. — Je ne dis pas que l'homme est *a priori* inconnaissable, mais que, dans la mesure où il peut être
connu, il l'est par des moyens scientifiques.

R. D. — Dont acte. Nous ne sommes ni l'un ni l'autre
des mystiques. Raison de plus pour se demander s'il
existe, pour les pratiques humaines, une prédictivité
possible.

J. B. — Nous n'avons pas abandonné le principe.

R. D. — Il nous reste à le vérifier à l'épreuve de l'histoire, ce contraignant réel dont nous nous dispensons
peut-être trop aisément en dissertant d'idéalités ou
d'expérimentations de laboratoire.

J. B. — Je ne sais si ce sera une vérification. Mais ce sera
certainement une étape de notre dialogue.

Le simple, le complexe et l'invariant

R. D. — Continuons à examiner les principes de ce que
je nommais une hypothèse plausible. Outre le pouvoir
d'explication et la prédictivité, en troisième lieu il me
semble qu'une bonne recherche théorique a pour vertu,

et non faiblesse, de simplifier le complexe. N'est-ce pas, depuis toujours, la définition de la démarche de l'intelligence ? « Il faut tâcher d'avancer, disait Leibniz, en établissant beaucoup de choses sur très peu de suppositions. » Sa devise était qu'il fallait tirer le maximum du minimum — *ex paucis tam multa*. Une explication rationnelle n'est-elle pas toujours unitaire par nature ?

J. B. — Si je me souviens bien, c'est Einstein qui disait qu'il faut simplifier au maximum, mais pas plus que cela. On ne peut pas simplifier le complexe par décret. De plus, il existe plusieurs façons d'unifier – comment savoir laquelle est la bonne ? Toujours ironique, Bertrand Russell faisait remarquer que « l'industrialisation est due à la Science moderne, la Science moderne à Galilée, Galilée à Copernic, Copernic à la Renaissance, la Renaissance à la décadence de Constantinople, la décadence de Constantinople à l'émigration des Turcs, l'émigration des Turcs au dessèchement de l'Asie centrale. Donc l'étude fondamentale pour rechercher les causes historiques est celle de l'hydrographie[12] ».

R. D. — Plusieurs quiproquos se maintiennent entre nous, me semble-t-il. Dès lors qu'il y a invariants et variations, le plus difficile est de penser les deux ensemble. Par exemple, les variations techniques et les invariants physio- ou psychologiques. Mais ce qui nous fait piétiner est notre désaccord implicite sur l'idée d'invariant. Facile à tourner en ridicule au vu des améliorations patentes de notre condition et des transformations positives du milieu. Mais comment nier l'universalité de la nature humaine, ancrée dans la constitution neuroanatomique du *sapiens sapiens*, stabilisée depuis cinquante mille ans à peu près, en exhibant le manteau d'Arlequin des cultures ? Les rituels funéraires varient et changent considérablement dans l'espace et dans le temps, non le besoin de ritualiser la mort. Le seuil atteint dans l'hominisation se révèle assez stable pour offrir des permanences mais aussi des récurrences. La torture, la dictature, l'exclusion, la violence et la guerre sont des choses qui font retour, alors qu'après Copernic, on ne revient pas au géocentrisme. Ni à la télé noir et blanc après la couleur. Les invariants n'ont de sens qu'à distinguer les dispositions de base des dispositifs qui viennent au fil des siècles remplir les cases. Ou encore, les règles syntaxiques pérennes, disons la grammaire du lien social, de l'infinie variété des morphologies.

J. B. — Laissons de côté pour l'instant la question des invariants. La relation de l'homme à l'homme me semble être ce sur quoi cherche à se fonder la « spécificité » des sciences humaines. Effectivement, lorsque nous interagissons avec nos semblables, nous utilisons ce qu'on pourrait appeler une faculté interprétative ; nous leur attribuons des intentions, essentiellement en essayant de nous mettre mentalement à leur place et en procédant ensuite par introspection. C'est ainsi qu'on détermine si X ou Y nous aime ou non, nous veut du bien ou du mal, etc. Il est évident que cette faculté est très utile à l'individu vivant en société. Et il est tout aussi évident que l'on n'a rien trouvé de mieux – et sûrement pas une approche scientifique – pour résoudre le genre de problèmes auxquels elle s'adresse. Néanmoins, notre expérience nous révèle tous les jours les limites de cette méthode. Si vous n'êtes pas convaincu, demandez aux amoureux déçus.

R. D. — L'interprétation est pratiquement nécessaire, et scientifiquement insuffisante. Soit. J'ai du mal à comprendre, toutefois, qu'un physicien, habitué aux explications scientifiques unitaires, de surcroît réfractaire au relativisme ambiant, puisse mettre en doute l'idée qu'il y a des propriétés universelles de l'esprit et des sociétés humaines – comme il y en a de la matière et des nombres. Est-il absurde de penser que les logiques qui gouvernent le monde des vivants s'appliquent aussi au nôtre, ou ferions-nous exception aux lois de la nature ? Ou faut-il réserver l'unité de l'espèce humaine au plan moral seul, pour nos discours de fin de banquet, en la privant de toute incidence notable sur les représentations et les comportements de ses membres ?

J. B. — Je ne mets nullement en cause l'idée qu'il puisse y avoir des propriétés universelles de l'esprit et des sociétés humaines ; en fait, je suis convaincu qu'il existe une « nature humaine », c'est-à-dire un ensemble de lois qui sont, en fin de compte, inscrites dans nos gènes et qui gouvernent la transformation, dans un environnement donné, de l'embryon en adulte. Le problème vient plutôt de la conception que vous avez des lois des sociétés humaines.

R. D. — Je discerne mieux les points d'achoppement entre nous. Mes positions savent-elles si mal se faire entendre qu'on les prend pour ce qu'elles ne sont pas, plutôt pour leur contraire ? Problème d'exposition ou de conception ? Je m'en remets à votre gai savoir, mais laissez-moi dissiper le quiproquo initial. Il y a, à mon sens, des fondamentaux anthropologiques et l'inventaire des différences par les historiens et les ethnologues peut servir à les tirer au jour. Qu'il y ait des *lois* d'agrégation humaine est un postulat que je ne tiens pas pour indigne de la raison critique.

J. B. — Mais on peut s'attendre à ce que, demain, ces « lois » ainsi dégagées acquièrent un statut similaire à celui du phlogistique, qui était supposé expliquer la combustion avant la découverte de l'oxygène, ou de l'élan vital qui devait expliquer la vie avant que celle-ci ne soit comprise en termes physico-chimiques. Dans le meilleur des cas, ces lois des sociétés humaines, en supposant qu'elles soient bien vérifiées empiriquement, pourraient acquérir un statut similaire aux lois de la thermodynamique ou de la dynamique des fluides, c'est-à-dire des lois qui renvoient à une explication située à un niveau plus « microscopique », les atomes dans un cas, la psychologie humaine dans l'autre. En tout cas, on doit toujours garder en tête le rapport aux autres niveaux.

R. D. — Je ne l'exclus pas *a priori*. Encore que... Puisqu'il est question de modélisation, prenons un exemple significatif. Lévi-Strauss, partisan d'un certain relativisme non scientifique mais culturel, et qui pour ma part me convainc, a été le premier à noter que l'*association par contrariété*, par exemple, est un mode de classification universel qui par l'union de termes opposés (féminin-masculin, *yin-yang*, etc.) permet en tout temps et en tout lieu, par projection, de mettre de l'ordre dans le règne animal, végétal et social. La relation de polarité revient également dans les systèmes religieux (nous-eux). Elle se combine avec la conception d'êtres incommensurables les uns aux autres, l'établissement de rapports interactifs entre eux (les liturgies), une structuration particulière de l'espace et du temps, etc. Tous ces traits font système. Un exemple de combinaison ? Comme l'espace humain est toujours vectorisé, le temps journalier, où que ce soit, est rythmé par quelque chose de plus que le cycle naturel circadien. Il l'est différemment selon les époques et les marqueurs techniques – cloches du couvent, horloge du beffroi, sirènes de l'usine, programme de télé, etc. La variabilité du tic-tac n'empêche pas l'invariance anthropologique du rythme circadien. Même chose du calendrier. Les dispositifs, mobiles, réagissent sur nos dispositions, permanentes, mais ne les abolissent pas.

J. B. — Bon exemple. Mais qui, pour moi, illustre la difficulté. Comment comprendre réellement l'interaction entre les « marqueurs techniques » et les « invariants anthropologiques » ?

De l'environnement au génome

R. D. — Disons plutôt qu'entre le fixisme de la Raison avec un R majuscule et l'anarchisme des rationalités en *self-service*, on peut concevoir des voies moyennes. Ne peut-on admettre qu'il y a *des* objectivités correspondant à des divers plans de réalité ? Il y a aussi une histoire. La mécanique de Newton n'a plus de validité universelle. Les considérations de Comte sur la biologie comme impossible savoir en raison de la singularité du vivant n'ont plus cours. Comment appréhender que des champs de positivité adviennent, se dégagent, se construisent et se superposent, qui déconstruisent les champs antérieurs ? Un néopositiviste, estampillé « scientifique », dissertera du vrai et du faux à longueur d'existence sans jamais se référer à un fait, événement, phénomène objectif. La belle victoire des mots sur le réel !

J. B. — Pour aborder le problème du variable et du fixe, il faut d'abord se débarrasser du mythe intellectuel fondamental de notre temps, auquel vous évitez d'adhérer explicitement, mais qui vous influence néanmoins, et qu'on pourrait appeler l'environnementalisme, l'idée selon laquelle la psychologie individuelle est façonnée, au cours d'un processus appelé apprentissage ou socialisation, par la « culture » dans laquelle les enfants naissent et grandissent. Si je suis tel que je suis, c'est à cause de la famille, de l'école, de la publicité, etc. Ici, je m'exprime en termes de sagesse populaire ; mais, d'une part, dans la mesure où je parle d'un mythe, je m'intéresse principalement à la version populaire qui en est propagée ; d'autre part, il n'est pas difficile de repérer des versions distinguées de ce genre de considérations dans le discours académique. Une bonne partie de la sociologie, de l'anthropologie, de la psychanalyse, du marxisme adhère à une forme ou une autre d'environnementalisme. Les psychologues évolutifs, ou « darwiniens », appellent avec quelque raison ce mythe, qu'ils rejettent, le modèle standard des sciences humaines[13].

R. D. — N'ayant jamais tenu la sociologie pour autre chose qu'une discipline universitaire, préférant l'explication à l'interprétation, et considérant enfin que pour symbolique, le mythe n'en est pas moins une constante objective, je me considère sauf de la déviation dont vous parlez. Nouveau malentendu, donc.

J. B. — Je ne vois pas en quoi.

R. D. — Sous le mot de « pensée », on ne peut confondre l'idéation individuelle, la connexion des neurones, avec la production symbolique d'une société – ce qu'on appelle sa culture. C'est ce versant-là qui m'intéresse.

J. B. — Justement ! Comment le cerveau humain fait-il pour absorber les messages qui lui sont transmis par la culture, la famille, etc. ? Remarquez que je parle de cerveau plutôt que d'esprit humain. En effet, il est très difficile d'éviter de penser en termes d'un certain monisme, qu'on peut appeler matérialisme si l'on veut, qui se fonde sur la continuité entre l'inorganique, le vivant et l'esprit. Après avoir été digérés, nos aliments « purement matériels » affectent notre cerveau (pensons à l'alcool) et se transforment ainsi en « pensées ». Sur ce point-là, à peu près tout le monde est aujourd'hui d'accord. Ces arguments sont très anciens, mais les progrès de la biologie et de la chimie les ont rendus à peu près incontournables. Donc, même si la pensée est « socialement déterminée », c'est au moins par le cerveau qu'elle transite. Or le « modèle standard des sciences sociales » suppose implicitement que cet organe particulier que serait le cerveau humain est vraiment exceptionnel dans le monde naturel, qu'il est, pour ainsi dire, et hors de toute structure préexistante à l'expérience, l'homme à tout faire qui n'a qu'à s'adapter à ce que l'environnement lui dicte. À ce propos, je ne peux m'empêcher de penser à

Sartre lorsqu'il disait que « l'homme est l'être dont l'être est de n'être pas » – ce qui est une version du mythe discuté ici. Je me suis toujours demandé s'il avait réfléchi à l'évolution avant de prononcer cette phrase : celle-ci s'applique-t-elle aussi aux animaux ? Ou bien y a-t-il eu un jour des animaux dont l'être était d'être et qui ont eu des enfants dont l'être était de ne pas être ? Penser en termes d'évolution secoue pas mal d'idées.

R. D. — Laissons Sartre à sa lecture si française de Heidegger et venons-en, dans ce cas, à votre schéma génome invariant et environnement variable. Le principe ne me gêne pas du tout, bien au contraire. La modernité a creusé un abîme entre nature et culture. Elles sont à réarticuler. D'accord avec vous qu'on ignore trop, côté sciences de l'homme, la partie « génome », disons le programme biologique. L'éthologie a beaucoup à nous apprendre, *via* la comparaison raisonnée homme-animal ; personnellement Boris Cyrulnik et d'autres m'ouvrent maintes fenêtres. Cela dit, il y aurait deux paramètres (au moins) à réintroduire : le groupe, qui a ses fonctionnements propres et notamment ses défenses immunitaires (le *nous* n'est pas le pluriel du *moi*), et les prothèses de l'esprit, comme l'écriture par exemple. La dimension technologique à la fois inventive et supplétive du vivant me semble assez comiquement absente de l'approche cognitiviste, qui invente un esprit sans corps et une transmission d'idées sans machines ni support matériel. Cela me semble abstrait et pauvre.

J. B. — Mais pour réellement comprendre le fonctionnement du groupe, il faut comprendre comment fonctionne l'être humain – après tout, on s'intéresse aux groupes *humains*. On ne peut pas dire grand-chose d'intéressant sur les « groupes » qui s'appliquerait à la fois aux collections d'axiomes et aux communautés humaines.

R. D. — Là encore s'impose une voie médiane entre le naturalisme, qui fait abstraction de la technique et du temps, et l'historicisme, qui fait abstraction de la nature et de ses contraintes. L'étude de la culture ne peut plus ignorer les données du vivant. C'est toute l'œuvre ethnologique d'un André Leroi-Gourhan où, dans le développement et la diffusion des techniques, le fait biologique se découvre omniprésent. Honnêtement je pense qu'il y a sans doute exagération quant aux facteurs du milieu. Mais sur ce qui se passe entre les deux ordres, entre le social d'un côté et le naturel de l'autre, la recherche empirique a des choses à nous dire. Pour dire la vérité, je suis navré de la dichotomie que vous voulez instaurer.

J. B. — Ce n'est pas moi qui la produis. Je la constate. Je constate que la question de la nature humaine, de son mécanisme intérieur, n'est très souvent pas posée. L'être humain parle, il a des mécanismes de socialisation, de rapport de pouvoir qui vont bien au-delà des besoins physiologiques et c'est dans cette direction-là qu'il faut chercher si l'on veut comprendre ce que vous nommez la transmission.

R. D. — C'est, pour ce qui me concerne, l'exact contraire. Je pars d'une définition de la culture comme transmission des caractères acquis. Tout nécessaire qu'il soit, le facteur biologique s'avère insuffisant pour expliquer cela. Comment se fait-il que, en l'absence d'hérédité des caractères acquis, il y ait néanmoins héritage de caractères acquis – ce que l'on peut appeler la continuité cumulative de l'espèce ? Lamarck, la biologie, rien de tout cela ne suffit à expliquer que le Parisien d'aujourd'hui ne ressemble pas au Romain du siècle d'Auguste alors que les abeilles du siècle d'Auguste sont exactement les mêmes que celles d'aujourd'hui. D'où la question : qu'est-ce qui fait la différence entre l'hérédité et l'héritage, entre une programmation génétique et une production d'histoire ?

J. B. — Non ; tout d'abord, l'anthropologie darwinienne observe en fait de plus en plus d'invariants[14]. Et c'est là une immense nouveauté par rapport à l'anthropologie culturaliste et relativiste qui s'émerveillait des différences. On s'est rendu compte, petit à petit, que nombre d'universaux se retrouvent au sein des sociétés et que leurs racines sont plutôt à chercher dans le fonctionnement de l'esprit humain. Mais, même si rien d'universel ne perçait au niveau des comportements, il pourrait exister des structures universelles du cerveau auxquelles il faudrait faire appel pour expliquer la variation, un peu comme on fait appel à la structure atomique de la matière et aux lois de la physique pour expliquer la grande diversité des substances chimiques.

La fable des robots

R. D. — Ce que vous dites des mécanismes de l'être humain peut aussi s'appliquer aux mécanismes de l'être collectif. Tout le problème, j'y ai insisté, est de combiner l'analyse des invariants et celle des variations, le jeu des dispositions immuables et des dispositifs mutants, le mixage de l'universel et du particulier. C'est là que l'ouvre-boîtes universel fait défaut. Fernand Braudel a montré qu'il y a des inégalités de nature très différentes d'une société à l'autre, mais que l'observation témoigne d'une loi d'inégalité inhérente à toute société, et transversale à toutes les sociétés. Un historien enclin à l'anthropologie constatera qu'il y a un changement des élites au pouvoir mais n'évacuera pas la nécessité d'une élite et d'un pouvoir. Le fait qu'il y a modification dans les croyances ne signifie pas disparition du besoin de croire. La première, au contraire, fait ressortir le second. Autrement dit, seul le jeu des variations permet de dégager des invariants. C'est tout l'intérêt de l'histoire pour l'anthropologue, révéler ce qui dure à travers et au moyen de ce qui change.

J. B. — Ce qui est invariant, en fin de compte, c'est l'ensemble de gènes. Mais comment le génome s'exprime dans un environnement donné et particulièrement dans un environnement futur qu'on ne connaît pas est un problème ouvert.

R. D. — Jusqu'à quel point ?

J. B. — En fait, le but ultime des sciences humaines devrait être d'établir des énoncés du type : étant donné un génome caractérisé par les propriétés X, Y, Z, et un environnement caractérisé par les propriétés A, B, C, on obtient tel résultat au niveau de l'être humain observable. Évidemment, la liste de ces propriétés peut être très longue, tellement longue qu'elle peut se révéler être inaccessible à notre entendement. Mais cela, on ne le saura que si l'on essaie. Et j'insiste sur le fait que c'est un but « ultime », c'est-à-dire pas nécessairement atteignable, mais qu'il est bon de garder en tête. En fait, si on ne pose pas la question ainsi, même la nature des variables A, B, C qui caractérisent l'environnement nous échappe. Et l'un des problèmes d'une partie des sciences humaines est qu'elles tendent à ignorer la partie « génome » de cet argument, tâchant de reconstituer un puzzle dont il manque la moitié des pièces.

R. D. — Tout dépendra de ce que vous mettrez dans la rubrique « environnement ».

J. B. — Il est possible évidemment que la partie « génome » joue un rôle négligeable. Mais il faudrait le montrer, pas simplement le postuler, et toutes les découvertes récentes en biologie rendent cette idée peu plausible[15].

R. D. — Cela dit, la formule « étant donné X, Y, Z d'un côté et A, B, C de l'autre » ne vous semble-t-elle pas, vous qui redoutez tant d'apparaître tel, un peu mécaniste ? Objectiviste ? Pavlovienne ?

J. B. — J'espère bien être « objectiviste » ! Si nous voulons réellement nous comprendre, nous devons nous forcer à une démarche qui nous est peu naturelle. Une approche scientifique suppose que l'on mette entre parenthèses notre attitude spontanément interprétative ou introspective et que l'on fasse l'effort de nous regarder nous-mêmes, humains, de l'extérieur comme nous faisons avec les animaux, les planètes ou les cristaux. C'est-à-dire formuler et tester des hypothèses quantitatives sur nous-mêmes. Et progresser petit à petit ainsi.

R. D. — La méthode vaudrait la peine à condition d'ajouter que l'on avance que par essais et erreurs. Le développement des connaissances humaines est fait de paris, de gageures. Lucrèce, dans le *De natura*, prend des risques considérables, mais trouve, par métaphore, le *clinamen*, les atomes. « Essayer » ne serait-ce pas la plus féconde des devises ?

J. B. — Mais il faut voir par quoi on commence ; l'idée de Lucrèce n'est devenue scientifique qu'après plusieurs siècles et après avoir été profondément modifiée. Il semble que l'on comprenne de mieux en mieux les tâches « simples » que nos cerveaux accomplissent quotidiennement, comme percevoir, reconnaître des formes ou saisir des énoncés, grâce justement à ces sciences cognitives que vous semblez dédaigner quelque peu. Or on s'aperçoit que, même pour expliquer l'accomplissement de ces tâches simples, on doit supposer l'existence de structures mentales, à la fois complexes et spécifiques et qui, loin d'être façonnées par l'environnement, permettent justement à l'individu, car elles sont innées, de se représenter son environnement et de s'y orienter. La question se pose alors naturellement pour les fonctions mentales « supérieures » comme le raisonnement, les jugements esthétiques et moraux, les croyances religieuses et autres, l'établissement de relations sociales, etc. ; faut-il, pour les expliquer, faire appel à des structures mentales innées, complexes et spécifiques, ou bien trouve-t-on finalement là une *tabula rasa* sur laquelle l'« expérience » viendra écrire ce qui lui plaît ? Au vu de ce qui précède, cela ne me paraît pas très plausible.

R. D. — Je ne dédaigne en rien les sciences cognitives et vous l'ai indiqué en refusant de dissocier l'individu culturel de l'« animal humain ». Quelqu'un qui s'occupe du fait religieux ne peut pas oublier que l'homme est le plus prématuré des mammifères à la naissance, qu'il a des complexes d'abandon et de sujétion, des sentiments d'insécurité, de peur, un besoin existentiel de réassurance, etc. La médecine, et notamment la psychopathologie – depuis qu'elle s'est heureusement détachée des « sciences morales » pour se rattacher aux « sciences naturelles » – ont leur mot à dire sur la croyance ! Le concept d'illusion me semble là-dessus très opératoire. Une illusion n'est ni une erreur ni une vérité. Elle est effectivement imperméable à la réfutation intellectuelle. Comme l'hallucination, qui est « vraie » pour le sujet – une sensation bien réelle et vécue – mais fausse quant à l'objet, puisque le corrélat perçu n'existe pas matériellement. Mais la perception, elle, est un fait. Une névrose aussi est un fait médical. Et une psychose collective d'élection, un fait social total, qu'on appelle une religion messianique.

J. B. — Vous médicalisez le fait religieux...

R. D. — Non. Je me contente de suivre vos paradigmes. L'alternative vrai/faux, blanc/noir est trop sommaire pour traiter ces choses-là, toutes en dégradé, qui ont à voir avec la sensibilité du vivant, non avec l'objectivité de la matière. Avec l'affirmation quasi olfactive d'un *nous*, dans le *badging* d'une identité, personnelle ou culturelle, et non avec une recherche d'information sur l'état des choses. Pis, si l'on devait extrapoler directement les lois de structure de la physiologie humaine aux lois d'organisation des groupements humains, ce saut ne serait pas qu'infondé. Il serait aussi dangereux.

J. B. — Laissez-moi vous raconter une fable. Imaginons une série de robots dans chacun desquels est enregistré un vaste répertoire de chansons. Ces robots sont situés aux quatre coins du globe, possèdent des instruments qui repèrent l'endroit où ils se trouvent et jouent des chansons différentes en fonction du lieu. Pour quelqu'un qui observe le comportement de ces robots, celui-ci semble varier arbitrairement en fonction de l'environnement. Mais pour celui qui connaît leur fonctionnement interne, les robots sont tous les mêmes et seul l'ajustement d'une petite variable dépendant du lieu où ils se trouvent rend compte de leur diversité apparente. De plus, si un robot est transposé d'un lieu à un autre, son comportement sera modifié.

R. D. — Si ce n'est que vous n'êtes pas un robot. Les machines dites intelligentes n'ont pas d'enfance et ne savent pas qu'elles vont mourir. C'est en quoi leur intelligence est très limitée. À des opérations de calcul, en l'occurrence.

J. B. — Je ne pense évidemment pas que l'esprit humain fonctionne de façon aussi simple. Mais cette fable illustre la question de l'invariant. Même si les variations culturelles étaient tellement radicales qu'on désespérerait de trouver quoi que ce soit de commun à toutes les cultures, au niveau des comportements (ce qui, en fait, est loin d'être le cas), rien ne nous dit qu'une analyse scientifique ne nous mènerait pas à postuler, et peut-être à vérifier, à un niveau neurologique, l'existence de structures mentales universelles qui ne se traduiraient pas directement en termes de comportements, mais expliqueraient comment les agents, plongés dans un milieu donné, font pour s'y adapter. Et si on repense aux opérations simples que j'ai mentionnées, on se dit que des opérations plus compliquées, comme émettre des jugements ou entrer en contact avec d'autres, tâches que les êtres humains accomplissent spontanément, sans recevoir beaucoup d'instructions explicites, supposent un donné inné encore plus riche et plus structuré, mais qui ne peut être mis au jour, un peu comme la structure atomique de la matière, que grâce à une analyse scientifique difficile. Tout ce que l'argument qui est tenu comme décisif par les « environnementalistes » montre, c'est que l'environnement joue un certain rôle. Ce que personne ne nie. Mais, au regard d'une analyse scientifique, son rôle pourra effectivement paraître superficiel, un peu comme pour les robots de ma fable. Évidemment, ce caractère superficiel dépendra du point de vue adopté. Si on s'intéresse à la musique d'un point de vue artistique, les différences entre musiques traditionnelles arabes, chinoises et européennes pourront toujours paraître fondamentales. Mais si on cherche à comprendre comment ces animaux particuliers que nous sommes font pour produire et reconnaître de la musique, alors les différences en question peuvent bien paraître sans grande importance.

R. D. — D'accord avec vous pour restituer à la culture ses soubassements biologiques, mais justement, l'ordre de la vie n'est pas celui de la connaissance. Vous m'accorderez qu'il y a des énoncés dont il est absurde de demander s'ils sont vrais ou faux. Les impératifs, entre autres. « Tu ne tueras point. » « Tu honoreras ton père et ta mère. » Ou encore les optatifs. « Puissé-je me survivre après ma mort, et si possible au Paradis ! » Ils font sens néanmoins, pour qui les prononce ou les écoute. Pourquoi ? Parce qu'ils font lien et qu'ils aident les vivants à vivre, point final. Reconnaître cela, est-ce se révolter contre la Raison ?

J. B. — Là on change de sujet ; mais les impératifs peuvent être évalués rationnellement et les optatifs peuvent correspondre à des illusions. Dire qu'ils aident à vivre est en partie vrai, mais c'est loin d'être le point final.

De la sociobiologie et de l'herméneutique

R. D. — Pour un vivant, je ne vois rien de plus précieux que ce qui l'aide à ne pas mourir en entier. Mais vous, qui vous intéressez à la relation entre le génome et le milieu, comment allez-vous faire pour articuler l'un et l'autre alors qu'il n'est pour vous d'environnement qu'au sens d'une production ou d'une représentation idéologique dont je ne vois guère, d'ailleurs, qui la soutient de la façon dont vous la décrivez ?

J. B. — Il a existé et il existe encore une mentalité hostile à toute approche biologique de l'être humain, hostilité qui est due à des préoccupations morales et politiques. D'une part, il y a la crainte du déterminisme et de la disparition de notre libre arbitre. Mais toute explication, si elle est scientifique, parlera de causes et d'effets et sera, au moins en partie, « déterministe ». Cela vaut aussi pour les explications environnementalistes ou en termes d'inconscient. D'autre part, le problème n'est pas que l'on connaît trop bien l'être humain, mais qu'on le connaît trop peu. Quoi qu'il arrive, une bonne partie de notre comportement restera inexpliquée scientifiquement pour longtemps voire pour toujours et le libre arbitre pourra donc être utilisé, par les gens qui aiment ce mot, pour désigner ce « reste ». Une autre source d'hostilité, surtout à l'encontre de la sociobiologie dans les années 1970, est d'origine politique.

R. D. — La sociobiologie n'est pas mon fort. Je n'en suis pas moins d'instinct réticent aux procès d'intention qui lui sont adressés. Même s'il est vrai que, dans les années 1970, elle était l'apanage de groupes intellectuels d'extrême droite qui y trouvaient un argumentaire contre l'égalitarisme, paré des atours de la scientificité.

J. B. — Dans les fondateurs de ce courant « darwinien », qu'on appelle aujourd'hui psychologie évolutive, on trouve Maynard Smith, un ex-marxiste resté plutôt de gauche, ou Robert Trivers qui a été proche des *Black Panthers*[16]. Peter Singer plaide pour une « gauche darwinienne[17] ». Des philosophes comme Helena Cronin, qui a beaucoup fait pour populariser l'approche évolutive en Angleterre, ou Janet Radcliffe Richards, se considèrent comme étant véritablement féministes. Il y a aussi Noam Chomsky, qui n'est pas biologiste mais dont l'approche au langage est très « innéiste » et qui explique longuement pourquoi cette approche est parfaitement compatible avec ses choix politiques[18]. Sans remonter à l'anarchiste russe Kropotkine, dont *L'Entraide, un facteur de l'évolution* se voulait une réponse darwinienne, mais progressiste, au darwinisme social de Spencer. Historiquement, on ne peut pas considérer que l'innéisme et la biologie sont de « droite » et l'environnementalisme de « gauche ». Conceptuellement, les rapports sont aussi fort compliqués.

R. D. — J'en suis convaincu. Mais pourquoi cette fragilité ? Pourquoi cette captation ?

J. B. — On insiste sur certains aspects de notre comportement ayant probablement une base innée, agressivité, compétition, etc., et on en oublie d'autres, comme la coopération ou l'empathie. En fait, on peut faire une sociologie, assez sauvage, je l'admets, de l'évolution des conceptions concernant la nature humaine. Dans les périodes révolutionnaires, on insiste sur la plasticité de l'être humain, son adaptabilité au milieu. Dans les périodes réactionnaires, comme celle que nous vivons, on s'en va répétant que rien ne changera jamais, que les hommes seront toujours des hommes, les femmes toujours des femmes, et on met en avant les aspects les plus noirs de l'être humain – l'irrationalisme, l'ethnicisme – en assurant que ces maladies sociales sont incurables. Aucune de ces deux attitudes n'est scientifique.

R. D. — Si cela revient à dire *in fine* que la société humaine n'est pas celle des fourmis, l'agrément sera aisé.

J. B. — Il n'y a pas que cela. Le problème est de lever l'obstacle épistémologique qui fait que l'on étudie les sociétés humaines d'une façon radicalement différente de celle utilisée pour les abeilles, et qu'en conséquence on croit en savoir plus qu'on ne sait vraiment. Je tiens à souligner que je ne défends pas la sociobiologie ou la psychologie évolutive ou quelque approche que ce soit. Je pense seulement qu'il y a des questions essentielles, comme celles de la nature biologique spécifique du fonctionnement du cerveau ou de l'esprit, qui ne sont pas toujours abordées avec un esprit scientifique. On a trop souvent affaire en sciences humaines à une forme d'herméneutique généralisée qui utilise notre introspection et notre faculté interprétative pour nous fournir des explications superficiellement convaincantes, mais qui ne sont pas réellement testées. Une bonne partie de la psychanalyse fonctionne ainsi : même si l'inconscient est dit « caché », le discours à son sujet est – au mieux – intuitivement plausible et, en fait, cette plausibilité fait appel à notre perception consciente de nous-mêmes, pas à des tests ou à des expériences.

R. D. — Votre emploi du mot me gêne. L'herméneutique, au sens propre, désigne d'abord l'interprétation des énoncés bibliques – et l'exégèse est un art subtil et passionnant. Mais elle a produit une sous-estimation des conditions matérielles et des finalités organisationnelles de l'énonciation religieuse – pratiques, rites, audiences – dont je fais précisément la critique dans mon dernier livre, *Le Feu sacré*.

J. B. — Il est vrai que je ne vois pas sur quoi vous vous fondez, si ce n'est sur une approche « herméneutique » – au sens généralisé où je l'entends.

R. D. — D'accord avec vous : quand on ne connaît pas les raisons ou les causes d'un phénomène, on disserte du sens, on cherche des interprétations, et on en trouve toujours. On fait parler les textes, on ventriloque. La philosophie du langage, le logocentrisme, le décryptage sémiologique sont à l'opposé de ma démarche qui s'attache aux réalités matérielles et techniques, et préfère observer les comportements plutôt que « proposer des lectures ».

J. B. — Bien sûr, mais je dirais alors que les assertions que vous faites sur ces réalités matérielles peuvent au mieux paraître intuitivement plausibles, mais ne sont pas testées. C'est en ce sens que je les appelle « interprétations ».

De Marx à Darwin

R. D. — Entendez plutôt ce que je mets sous le terme de « matérialité ». Voyez l'erreur de Marx. Matérialiste inconséquent, après avoir appliqué la méthode du matérialisme aux infrastructures économiques, il s'est abstenu de le faire dans le domaine de ce qu'il appelait les superstructures. Il a considéré, en suivant d'ailleurs les idéologues français, les inventeurs du mot, que l'idéologie n'était que le reflet inversé du réel, qu'elle ne pouvait avoir de causalité propre et que ses instruments de production, ceux que nous rabaissons en « moyens de communication », n'avaient guère d'importance. L'émergence des idées sociales, selon lui, advenait dans les têtes, en projection, comme sur un écran, des conditions économiques. Ce schéma ne répond pas aux faits d'observation, à l'efficacité des imaginaires collectifs, et à l'impact considérable de l'écriture, ou de l'électronique sur les contenus de pensée. Le marxisme a d'ailleurs été puni par où il a péché et fait faillite sous l'effet de ce qu'il avait cru pouvoir dédaigner – la religion, l'idéologie, mais aussi la musique, les images, les « superstructures ». Ce qu'on ne veut pas comprendre, ni même voir, c'est cela qui vous tue.

J. B. — J'aurais tendance à être d'accord avec vous sur la critique – vis-à-vis du marxisme ou de toute autre théorie existante – mais pas nécessairement sur ce que vous pourriez dire sur les conditions matérielles de la production symbolique. Par ailleurs, le problème essentiel du marxisme, au moins tel qu'il était compris en France dans les années 1960-1970, c'était qu'il ne posait nullement la question de la nature humaine. Gramsci allait même jusqu'à dire que « l'innovation fondamentale introduite par le marxisme dans la science de la politique et de l'histoire est [...] que la nature humaine est la totalité des relations sociales déterminées historiquement[19] ». Bien sûr, il pensait ainsi pour le cerveau, non pour le foie.

R. D. — Il y a certainement chez Marx et ses successeurs une superstition des pouvoirs de la *praxis*, qu'ils jugeaient capable de crever le plafond des fondamentaux anthropologiques. Une sorte de superstition du devenir et de ses capacités à créer du radicalement nouveau, du substantiellement différent, sans doute liée, d'ailleurs, au schéma judéo-chrétien de l'histoire du salut, évidemment messianique, avec des relents de parousie. De surcroît et par malchance, Marx réfléchissait à un moment où la biologie, la médecine, les sciences naturelles, même s'il a eu pour Darwin un grand culte, n'avaient pas encore pris leur vol.

J. B. — Il est intéressant de relire le débat entre Monod et Althusser[20]. Le second accusait le premier d'être idéaliste, parce qu'il acceptait l'idée de structures mentales innées. Mais au vu de ce que l'on sait aujourd'hui, c'est plutôt l'environnementalisme extrême, alors dominant dans le marxisme, qui devrait être qualifié d'idéaliste, ou au moins d'attitude non scientifique.

R. D. — J'aimerais cependant, et eu égard à ce monisme, que l'on spécifie l'idée de nature humaine. Les Grecs, à travers le mythe de Prométhée, avaient saisi que l'homme était plus naturellement déficitaire que les animaux. Rappelez-vous comment Zeus, ayant distribué toutes les qualités à tous les animaux, réalisa qu'à l'homme il en avait donné très peu. Les paléontologues, à leur suite, ont redit que l'homme n'avait pas d'excellence, en aucun domaine. L'homme moins rapide que le lion, moins protégé contre le froid que l'ours, ne sachant ni voler comme l'oiseau ni nager comme le poisson... La nature humaine se révèle particulièrement démunie depuis l'origine, à chaque naissance, et ce désemparement, lié à la fois, je l'ai indiqué, à la prématuration biologique et à une certaine polyvalence du corps qui fait que l'homme est bon pour tout mais n'excelle en rien, a engendré le recours au feu, c'est-à-dire à la technique. C'est vrai que l'homme a une nature, mais une nature suspendue à une certaine indétermination, une certaine pluridétermination qui a fait la plasticité, la capacité pluriévolutive de l'homme. Donc, oui à la nature, il y a une nature humaine qui dérive de sa constitution biologique, de son rythme de croissance et de son immersion dans un milieu naturel, mais cette nature par chance est assez ouverte, assez indéfinie pour avoir permis cette transcroissance, cette hominisation. Car le processus d'hominisation n'est pas seulement domestication de soi mais domestication de l'espace et du temps. Donc, oui à la nature, non au naturalisme, parce qu'il y a dans le naturalisme l'idée d'un ordre inaltérable et comme transcendant qui ne me semble pas répondre aux béances de l'être humain et à toutes les vicariances vitales de l'invention technique. Que tout cela advienne à l'intérieur de contraintes fixes, oui. Mais tout l'art d'être homme consiste à faire force de sa faiblesse et de ses infirmités un moteur, par exemple en inventant les mémoires matérielles, base du temps cumulatif, par capitalisation d'outillage, de savoirs et de normes. La superstition du naturel empêche de saisir cette très productive insuffisance de l'*homo sapiens.*

J. B. — Quand je parle de nature humaine, je ne pense pas à quelque chose qui dériverait de notre constitution biologique ou de notre rythme de croissance, mais à quelque chose de bien plus spécifique qui renvoie à l'organisation de ce paquet de neurones qu'on appelle le cerveau. Nous ne sommes pas des êtres pensants limités ou influencés par leur biologie, nous sommes des êtres dont une des fonctions biologiques est de penser, ce qui est très différent. Quant à la question de ce qui change et de ce qui est permanent, cela dépend en partie de nos connaissances. Plus l'on connaît la nature, plus elle nous paraît, en un certain sens, immobile. La diversité du visible s'explique par la simplicité et l'unité de l'invisible. Il en va ainsi pour la structure atomique de la matière ou celle de l'ADN.

Les choses variables se ramènent alors à une combinaison de facteurs invariables. Dans la mesure où l'on
connaît mal les êtres humains ou leurs sociétés, ceux-
ci peuvent nous paraître plus variables que si nous les
connaissions en profondeur.

3

LA CONNAISSANCE ET L'HISTOIRE

Un fond de l'air postmoderniste

RÉGIS DEBRAY — Je crains que votre conception essentia-
liste et monolithique de la Raison ne vous oblige à de
pénibles distorsions historiques dont vous ne vous tirez
qu'au prix de bénédictions et de malédictions sur tel ou
tel moment. D'un côté, la gloire des Lumières. De
l'autre, la décadence actuelle. Entre les deux, il y aurait
eu déclin, inversion, trahison. Et, surtout, aucune continuité. Blanc/Noir.

JEAN BRICMONT — Il n'y a pas simplement déclin ; en philosophie comme en politique, il y a des progrès et des
régressions. La régression actuelle me semble caractérisée
par une forme d'idéalisme, ou de dualisme si on veut, qui,
au lieu de considérer, comme dans le dualisme cartésien

qui est en général abandonné, que la pensée réside dans une âme séparée du corps, fait comme si elle résidait dans un « discours », un « langage » ou une « culture » séparés du monde extérieur. Avec, en prime, une certaine frivolité qui a permis à Sokal de réussir sa parodie. Le rapport entre la pensée et la réalité est certes problématique, mais cela ne veut pas dire qu'il n'existe pas.

R. D. — On vous l'accordera sans peine. Mais que mettez-vous sous la catégorie « postmodernisme » ? C'est au départ une affaire d'architectes, une pratique de panachage, de détournement, de jeux entre différentes époques, différents styles, qui a émoustillé le monde artistique et dopé le marché de l'art, mais j'ai quelque mal à y voir une catégorie de pensée.

J. B. — C'est le cas de tous les courants d'idées influents. Leur définition est toujours un peu vague. Il est amusant de constater que le mot « postmodernisme » est beaucoup moins utilisé en France qu'aux États-Unis, où ce courant est perçu comme venant de France. Il est par ailleurs important de souligner qu'il y a une incohérence dans tout idéalisme socialisé, c'est-à-dire un idéalisme qui voit la source de nos idées non pas dans la conscience humaine coupée du monde, mais dans un discours ou un langage également coupés du monde. Le solipsisme n'est pas intéressant, mais il est cohérent. Contrairement au solipsisme de groupe, si on peut l'appeler ainsi, qui fait comme si les groupes humains ou les « cultures » construisaient une représentation du monde indépendamment de celui-ci. En effet, cette représentation est elle-même un objet extérieur à ma conscience individuelle. Et comment en parler si ce n'est en le traitant comme les scientifiques traitent les astres, les plantes et les animaux ? On n'évite pas si aisément le fait que notre discours soit face à un objet, même si cet objet est un autre discours ; et on retombe ainsi sur les problèmes d'objectivité, d'établissement des preuves empiriques, etc., que l'on rencontre en sciences naturelles. On cherche à éviter cela en faisant comme si ce que nous connaissions le mieux, ce serait nous-mêmes, et cela par introspection.

R. D. — Je ne vois pas comment une grande pensée pourrait se dispenser d'un « retour sur soi ».

J. B. — Même si nous avons, en un certain sens, un accès privilégié à notre propre conscience, nous n'avons pas accès immédiatement aux mécanismes qui nous déterminent, que ceux-ci soient biologiques, langagiers ou sociaux. Et, bien sûr, cet idéalisme met de côté la question cruciale de la nature humaine, c'est-à-dire des mécanismes qui font que le sujet absorbe certaines choses et pas d'autres dans son environnement.

Contre le nietzschéisme de gauche

R. D. — Il me semble pour plaider en faveur d'un courant de pensée dont je me suis toujours senti assez éloigné, qu'il y a eu néanmoins attention aux pratiques. Je pense à Michel de Certeau fouillant les replis de la vie quotidienne ; je pense même, quitte à vous faire frémir, aux travaux de Bruno Latour qui, dans *La Fabrique du droit*, par exemple, analyse le fonctionnement du

Conseil d'État. J'ai trouvé heureux l'intérêt qu'il a porté aux médiations pratiques, aux rouages, aux procédures, aux normes d'institution, elles-mêmes solidaires d'un processus d'établissement de filtres, de négociations, de tout un jeu interne où se mêlent libertés et contraintes liées à ces choses très matérielles que sont le déroulement d'une séance, la chronologie, la nature d'une bibliothèque. Avec, au bout d'une telle démarche, la question du *quid juris*; qu'en est-il du droit ?

J. B. — Si on veut parler de pratique, je soulignerais plutôt le fait que la négation de la nature humaine mène à une forme d'apologie du cynisme et de la violence. Ce qui explique en partie pourquoi cette idéologie a permis à pas mal de gens de passer d'une position apparemment radicale dans les années 1960-1970 à une défense du pouvoir établi. Si l'homme n'a pas de nature propre, aucune limite morale ne peut être mise à ce qu'on en fait. On peut le réduire en esclavage, par exemple.

R. D. — Personne ne peut méconnaître le lien entre relativisme et cynisme. On a bien vu une sorte de nietzschéisme ultra-individualiste qui, s'intitulant de « gauche », finit par faire bon ménage avec le consumérisme ambiant. Si la mondialisation libérale, c'est le marché sans l'État, la critique ultra-gauche de l'État lui aura bien servi la soupe. L'exécration des institutions, jugées par nature répressives, n'est pas seulement contre-productive mais brouillée avec toute créativité historique.

J. B. — La créativité peut, je dirais même doit, s'exercer à l'intérieur de contraintes, mais, j'insiste là-dessus, de contraintes acceptées. C'est ce qui se passe par exemple en mathématiques et en sciences, où la créativité ne s'oppose pas à la rigueur.

R. D. — Gide l'a dit aussi pour l'art, qu'il vit de contraintes et meurt de liberté. Allons plus loin : la liberté peut mourir par absence de contraintes.

J. B. — L'anarchisme dont je me sens proche ne se confond pas avec l'individualisme ou le spontanéisme. On y considère néanmoins que des choses comme Dieu, l'État, la Patrie sont des mystifications supra-humaines invoquées par certains hommes pour mieux en dominer d'autres. Sur l'anarchisme, il est intéressant de lire le débat entre Chomsky et Foucault, tous deux « anarchistes » si on veut, mais en des sens très différents. Le débat s'intitule fort bien : « De la nature humaine : justice contre pouvoir[21] ». Foucault, qui se dit « un peu nietzschéen », soutient que l'idée de justice est en elle-même l'instrument du pouvoir ou une arme contre ce pouvoir, alors que Chomsky pense que la justice a une vraie assise, absolue, dont il admet volontiers qu'elle est difficile à caractériser, mais qu'elle réside dans les qualités humaines fondamentales. Chomsky faisait remarquer que, du point de vue de Foucault, il n'y avait aucune raison de défendre par exemple les droits des homosexuels, même si ce dernier le faisait en pratique. En effet, pour ce faire, il faudrait discuter, sur le fond des aspirations humaines, de ce qui est réellement moral ou immoral. Or ce genre de problématique échappe à la perspective foucaldienne, sinon en pratique, au moins en théorie.

Foucault et l'anti-institution

R. D. — Vous qui n'aimez pas les mystifications utiles ou opportunes, ne voyez-vous pas que ce néo-anarchisme foucaldien est venu à son heure ? Et qu'il a si bien répondu aux goûts antiautoritaires de l'Occident nanti – Californie, minorités sexuelles, autogestion, *peace and love*, etc. – qu'il est devenu en quelque sorte notre fond de l'air intellectuel ? Réception cinq sur cinq à Berlin, Rome, Londres et Paris. Cela n'augure rien de bon pour son avenir, et quand on osera porter un regard impie sur les textes fétiches de l'anti-institution – Foucault, Deleuze mais aussi Lyotard –, on se rendra compte que, pour sympathiques qu'ils soient, et intelligents, ou plutôt à cause de cela même, ils ne tiennent pas la route. Le cours de l'histoire gardant quelque chose d'assez bête et antipathique.

J. B. — Non, je crois au contraire que la façon de penser de Foucault et d'autres à cette époque, même si elle était erronée conceptuellement, a eu de certains effets positifs et a permis d'améliorer le « cours des choses », en matière de liberté sexuelle ou d'autonomisation de l'individu par rapport à l'État. Le problème, c'est que les faiblesses philosophiques permettent une contre-attaque de la part d'intellectuels conservateurs contre la « pensée 68 ». Et l'on se trouve alors dans un parfait faux débat, où la gauche intellectuelle se croit forcée de défendre des positions philosophiques douteuses, alors qu'une meilleure tactique serait de déplacer la discussion sur des questions plus factuelles.

R. D. — Gardons-nous en effet du tout-à-l'égout de l'irrationalisme. Une certaine complaisance subjectiviste à l'esthétique de la révolte est amplement compensée, chez Foucault l'historien, par des quêtes d'archives, des enquêtes documentaires, des randonnées dans les sous-sols on ne peut plus productives. Laissez-moi sauver de cette période, et contre elle-même au besoin, l'idée d'aller aux choses mêmes. Voyez, dans un autre registre, Baudrillart. Son rendu de l'Amérique me semble convaincant, comme une phénoménologie à cru du contemporain. « Un homme qui déteste les enfants et les chiens ne peut pas être tout à fait mauvais. » Un penseur qui prend au sérieux l'automobile et la photographie non plus.

J. B. — Quand on parle d'enquêtes, il faut faire attention. Il y a, d'une part, les enquêtes vraiment empiriques, qui intéresseront surtout les spécialistes – qui sont loin d'être tous d'accord avec Foucault[22]. D'autre part, il y a l'impact culturel, qui est lié à des thèses « philosophiques » sur le savoir, le pouvoir, l'objectivité ou l'homme. Mais l'enquête empirique ne permet pas de justifier les idées sur ces sujets, du moins sans donner d'autres arguments. On rencontre le même problème chez Kuhn, à la fois historien et philosophe des sciences. En particulier, on retrouve un paradoxe lié à celui de l'idéalisme socialisé que nous avons évoqué : si l'on veut mettre en question la fiabilité des sciences naturelles en étudiant leur histoire (par exemple, en insistant sur les changements de paradigmes), il ne faut pas oublier que l'on utilise dans cette étude des moyens empiriques – faillibles – qui ne sont pas radicalement différents de ceux utilisés en sciences naturelles. Mais, alors, pourquoi faire confiance à l'historien plutôt qu'au biologiste ou au physicien ?

R. D. — Bonne question.

J. B. — L'esprit du temps, relativiste, est en partie engendré par le fait que l'histoire, y compris l'histoire des sciences, est souvent plus facile à comprendre que les sciences elles-mêmes. On lira Kuhn ou Feyerabend plus facilement qu'Einstein ou Darwin. Mais les arguments des premiers ne sont pas d'une autre nature que ceux des seconds, et pas nécessairement plus solides.

Retour aux phénomènes

R. D. — Relativisme contre lequel, mais vous ne m'entendez pas, l'étude par exemple des moyens de transport – bicyclette, voiture, avion – a valeur d'antidote aussi sûrement qu'une saine épistémologie. Et discuter avec des ingénieurs vaut pareillement la peine. Entendre un expert de chez Renault évoquer les impasses de la pile à hydrogène fait une bonne propédeutique aux analyses abstraites sur la mobilité ou la vitesse. Voilà qui m'intéresse. Et ce que vous critiquez d'excès dans une certaine pensée française ne m'empêche pas, au contraire, de juger utiles mes petites recherches en diagonale.

J. B. — Vos études concrètes justifient-elles pour autant les assertions de type général que vous en tirez ?

R. D. — Je ne me réfugie pas derrière l'empirique, l'enquête, le descriptif. Pour y trouver quelque chose, il faut avoir une visée d'ensemble, quelques concepts en magasin, et – pourquoi pas ? – un style. Un entraînement philosophique conduit à dégager des mécanismes généraux à travers et au moyen de processus particuliers. En ce sens, je ne suis pas historien, bien que je me nourrisse d'histoire concrète. Aussi me suis-je toujours senti trop théoricien chez les empiristes et trop empiriste chez les théoriciens. Trop de philosophes, tout à leur hypertrophie du verbe, s'enferment dans le commentaire de texte. Les historiens se veulent ou se croient sans *a priori*, accumulent des descriptions génétiques sur des cas particuliers. Je me sens plus à l'aise avec eux pour ce qu'ils m'offrent de tangible mais quiconque vise à construire des typologies doit tôt ou tard rompre le charme des monographies.

J. B. — Mais le problème est le même que pour Foucault : comment passer de l'étude concrète et détaillée, par exemple des pratiques médicales, à des assertions générales sur l'être humain ou le savoir ?

R. D. — Excellente image que celle de la médecine ! L'histoire empirique est une accumulation de symptômes. Afin de construire un tableau des maladies il faut savoir ausculter les malades, mais aussi savoir le faire en vertu de quelques grandes catégories d'analyse. La clinique n'est pas brouillée avec la nosologie.

J. B. — Cependant, comment passe-t-on de l'une à l'autre ?

R. D. — En jouant sur les deux tableaux ? Assurément. Vous ne saisissez pas ce va-et-vient si vous ne voyez que le saut dans l'hypothèse – saut qui vous semblera cocasse, arbitraire, indémontrable. Néanmoins, à un moment s'impose le passage à la limite, le coup de force éclairant – certes sans statut scientifique au sens où vous l'entendez et, donc, conscient de ses limites. Ce qui n'empêche pas de faire de l'expérimentation en sauvage. Pour la *guerilla* révolutionnaire, la lecture de Giap ou de Mao ne remplace pas le démontage de l'AK 47. La religion, on ne l'étudie pas seulement en bibliothèque. On se rend chez les moines et on suit les processions.

J. B. — S'il y a une leçon à tirer de l'histoire des sciences, c'est que les généralisations faites à partir d'observations ne sont que trop faillibles. La meilleure méthode consiste à déduire des observations à partir des théories pour tester leur validité.

R. D. — Nous sommes donc d'accord.

J. B. — Mais de quel type d'expérience parlez-vous ? L'expérience vécue, ou la pratique, est un moyen très incertain sur lequel fonder la science. On en arrive vite à suivre involontairement le conseil de Pascal : « Faites les gestes de la foi. Priez et implorez et bientôt vous croirez. » On adapte trop facilement ses théories à son « vécu ».

R. D. — C'est entendu. Il faut sauver les phénomènes, certes, mais il faut aussi sauver la pensée des phénomènes. Les vécus de conscience ne livrent pas leur propre explication. D'où le besoin de navette entre le modèle explicatif et l'éprouvé subjectif.

J. B. — Mettons de côté les généralités sur les sciences humaines, et laissez-moi vous interroger sur la médiologie. Quel est son statut ?

La médiologie à la question

R. D. — Elle n'a jamais prétendu au statut de science, et encore moins nouvelle. Sauf pour ceux qui se contentent de lire les journaux, sans mettre le nez dans nos travaux, ni en particulier dans mon *Introduction à la médiologie* (PUF, premier cycle). C'est une méthode d'analyse destinée à explorer les interactions entre culture et technique, qui constitue la clé, à mon sens, de l'efficacité symbolique, laquelle restait une question sans réponse. Elle permet de cerner mieux les effets culturels de l'innovation technique et les conditions techniques de l'innovation culturelle. La médiologie n'est pas à juger sur une batterie de concepts. Elle est à juger sur ses résultats. Par exemple, sur l'avènement et les avatars du monothéisme, *Dieu, un itinéraire* procède intégralement de cette démarche. Personne d'autre qu'un médiologue ne pouvait aborder la naissance de Dieu sous l'angle d'une technogenèse.

J. B. — Nous retombons toujours sur le même problème. D'abord, une attitude modeste – ce n'est pas une science ; ensuite, on prétend avoir produit des travaux éclairants ; soit, mais en fonction de quels critères ? Je ne vois pas en quoi on y trouve autre chose qu'une interprétation parmi d'autres.

R. D. — Non. Pour la genèse de l'idée de Dieu, les mutations de l'État français, les conséquences politiques du passage du papier de chiffon à la pâte de bois, les concepts médiologiques « marchent ». On peut critiquer le détail de nos analyses sur l'histoire de l'écriture et ses incidences religieuses, sur l'étrange apparition de la bicyclette et ses retombées féministes, sur la civilisation de l'automobile et ses incidences sur l'éthique. Mais avant de m'y risquer, je suis allé du côté de Renault et de Michelin, j'ai visité des usines, analysé les problèmes de sécurité routière, vu comment se construisent les voitures et comment elles se vendent.

J. B. — L'automobile, décidément, vous aura fasciné.

R. D. — Pourquoi pas ? Il n'y a ni haut ni bas pour un médiologue. Notre association s'appelle *Ad rem*, vers la chose même. Quand un médiologue réfléchit sur l'éphémère, il commence par aller chez Yves Saint Laurent.

J. B. — On oscille entre des « enquêtes », ou des expériences personnelles, qui intéressent peut-être les spécialistes, et des explications générales, par exemple du phénomène religieux, qui s'adressent aussi au profane.

R. D. — En l'occurrence, que ce soient les théologiens ou les constructeurs automobiles, pour prendre les deux extrêmes de la démarche, je n'ai pas vu de contestation, mais plutôt de l'intérêt.

J. B. — Je crains que la technique ne joue pour la médiologie le rôle de principe à la fois totalisant et réducteur.

R. D. — Il faut s'entendre, c'est vrai, sur le mot. La technique, ce n'est pas le synonyme de mécanique, ni même l'appareillage matériel. C'est ce qui ne se trouve pas dans le bagage génétique. L'écriture, cette machine formelle, en fait partie, non la parole articulée. Comment ne pas voir que l'anthropogenèse est une technogenèse ? Les outils furent là pour remplacer un déficit d'équipement naturel, et la technique, qui court jusqu'à Internet, commence à la préhistoire.

J. B. — Vous débutez votre *Introduction à la médiologie* en déclarant que l'on connaît « assez bien l'homme qui parle (linguistique), désire (psychanalyse), produit (économie), s'agroupe (sociologie), calcule (sciences cognitives), qui ou que l'on gouverne (sciences politiques), qui apprend ou enseigne (sciences de l'éducation) ». C'est présenter un front uni des sciences humaines qui est douteux, ne serait-ce que parce que beaucoup de spécialistes des sciences cognitives n'ont pas une haute opinion de la psychanalyse ou des sciences de l'éducation. Mais cela permet de faire comme s'il restait un terrain libre où la médiologie va aller planter sa tente.

Les astres et l'Université

R. D. — Non pas. Une approche positive constitue en objet problématique ce qui jusqu'alors allait de soi. La question de la transmission, en l'occurrence. Simplement, énumérant les champs disciplinaires les mieux réputés, on constate en effet que l'homme qui transmet passe à l'as. On ne sait pas vraiment comment l'homme conserve et transporte d'une génération à l'autre ses connaissances, ses codes et ses valeurs. Je n'ai aucune superstition à l'égard des sciences de l'éducation où il y a pas mal de fumisterie, ou à l'égard de la psychanalyse qui sans être une science n'est pas une fumisterie. Mais le terrain n'est jamais donné. Il faut le construire et le circonscrire.

J. B. — Un problème de fond se pose néanmoins avec la prolifération des disciplines. Pensez à la soutenance de thèse prétendument de sociologie de l'astrologue Élisabeth Teissier, dont l'intention explicite est d'introduire l'enseignement de l'astrologie à l'Université. Je n'assimile pas astrologie et médiologie, mais la question des frontières se pose : au nom de quoi rejette-t-on l'astrologie (qu'il faut rejeter bien sûr), si l'on accepte les formes les plus débridées de psychanalyse (comme on l'a fait parfois) ?

R. D. — Chacun sait que la sociologie est le ventre mou de l'Université. C'est par là que les tireuses de cartes ont fait leur entrée en Sorbonne. On peut cependant distinguer l'astrologie comme science bidon et l'astrologie comme croyance sociale. Autant je serais indigné – plus rigolard qu'indigné… – devant la promotion de l'astrologie en discipline universitaire, autant je serais intéressé par une étude sur ses conditions de fonctionnement, la sociabilité qu'elle suppose et ce qu'elle révèle de l'être humain. De même qu'en sciences des religions la chaire consacrée à l'ésotérisme ne pratique pas la magie des oracles mais étudie cette tradition dans sa prétention à être la Tradition, d'Hermès Trismégiste à René Guénon.

J. B. — Oui, mais étant donné le climat intellectuel contemporain dans lequel la vérité ou la fausseté des croyances a si peu d'importance, je ne suis pas étonné qu'un jury universitaire ait accepté sans broncher une thèse qui propose quarante pages de preuves supposées de l'astrologie, en faisant comme s'il s'agissait d'une enquête sociologique neutre sur les croyances astrologiques.

Même un sociologue réputé comme Alain Touraine, qui dit avoir lu cette thèse (de neuf cents pages) en une journée, soutient que Mme Teissier n'a pas « affirmé que l'astrologie est une science[23] », tout en admettant que Teissier définit l'astrologie comme science humaine, ce qui est au mieux jouer sur les mots – n'appelle-t-elle pas constamment sa discipline « la science royale des astres » ?

R. D. — Là nous touchons à un autre problème qui est la dégradation des rigueurs universitaires anciennes, en un *patchwork* de cérémonies sociales comme le deviennent les soutenances de thèses, toutes ces collations de grades qui se déroulent entre augures connivents et qui ont de plus en plus de mal à ne pas rire en se regardant.

J. B. — L'affaire semble néanmoins plus grave que celle, déjà accablante, du niveau des thèses. Il existe chez certains une volonté d'annuler la frontière entre le discours sur la croyance et la croyance elle-même. En effet, cette frontière suppose une séparation entre le vrai et le faux, et c'est bien cela qui est en cause.

R. D. — Mais que serait une conception anhistorique de cette opposition du vrai et du faux ? Rien n'est plus instable que les frontières entre le scientifique et le non-scientifique, de même que les frontières entre le normal et le pathologique, l'Église et la secte, la croyance et la superstition. Ce sont des choses qui évoluent. Heureusement d'ailleurs !

J. B. — Je ne le dirais pas ainsi. Dans la mesure où il y a progrès des connaissances, il y a évolution et déplacement de frontière. Mais ce n'est pas historique au sens où le sont, par exemple, les modes vestimentaires. Finalement, chez certains la frontière ne se contente pas d'évoluer, elle disparaît.

Le débat entre Freud et Einstein

R. D. — Redisons-le. La vérité d'une efficacité sociale est une chose, l'efficace sociale du vrai en est une autre. Une illusion vitale est infiniment plus coriace qu'une erreur de raisonnement. L'auteur de *L'Avenir d'une illusion* nous apporte quelque enseignement là-dessus.

J. B. — Une illusion est aussi une erreur. Vous faites sans arrêt comme si les causes (psychologiques ou autres) qui font qu'un énoncé est accepté pouvaient se substituer à l'analyse de son statut vrai/faux. De plus, avant de suivre l'enseignement de Freud, il faudrait que je sache pourquoi le croire. S'agit-il pour vous d'une fiction ?

R. D. — Oui et non, puisque le terme ne revêt pas la même signification à nos yeux. C'est une création, mais qui a eu son efficacité symbolique. Freud, à la fois mécanicien et thaumaturge, s'est retrouvé en posture d'éclaireur, créateur d'entités plus ou moins fantasmatiques, et il a peuplé nos sensibilités d'un nouveau panthéon.

J. B. — Ce que vous dites ne m'incite justement pas à croire son enseignement.

R. D. — Disons qu'il est passé d'une approche positive, quasiment mécaniste de la psyché, à une métapsychologie quasi initiatique. Son *Moïse* est farfelu, mais cela se lit avec plaisir, non ?

J. B. — Une approche positive ? Dans les déclarations, certainement. Mais même à ses débuts, Freud ne soumettait pas réellement ses théories à des tests empiriques sérieux[24].

R. D. — N'est-il pas bizarre que vous, si prompt d'habitude à souligner les progrès, les laissiez là en jachère ? Il y a eu progression réelle, pour le coup un progrès scientifique dans l'étude des comportements et des maladies mentales, de leur genèse, et de leur thérapie. Il est certain que l'on ne comprend pas toutes les maladies mentales mais on les comprend en tout cas un peu mieux qu'au XVIIIᵉ siècle. La psychopathologie s'est d'ailleurs développée selon des modèles différents. Je trouve ceux de Jackson, et des néo-jacksoniens, remarquablement explicatifs.

J. B. — Reste à savoir si les progrès, que je ne nie pas, sont dus indirectement au freudisme, ou à des tendances qui en sont indépendantes et qui lui sont hostiles, comme le béhaviorisme ou les thérapies pharmaceutiques.

R. D. — Freud a mis Breton à la porte, parce qu'il ne voulait pas passer pour un poète. Mais son influence intellectuelle a relégué la psychiatrie qui soigne derrière la psychiatrie qui pense. C'est un phénomène assez français. Ne prenez pas l'arbre pour la forêt.

J. B. — Avec tout cela, je ne sais toujours pas ce que je dois penser de l'opposition entre erreur et illusion.

R. D. — Vous souvenez-vous de la correspondance entre Freud et Einstein sur l'avenir de la guerre, avant 1939, suscitée par la Société des Nations ?

J. B. — Il faudrait lire les textes[25].

R. D. — Il y a un scientifique novateur, d'un côté, qui prend ses nobles désirs pour la réalité en affirmant que la guerre est un archaïsme dépassé. Et de l'autre, un observateur désabusé, pessimiste, qui dit : la guerre est conaturelle à l'homme, et on est à la veille d'une guerre terrible. Freud est à même le réel historique, Einstein est en dehors. Il faut donc cesser d'opposer les savants lucides et les prêtres délirants. Freud avait une connaissance suffisante des rouages de l'animal humain pour faire de bons pronostics. Et Einstein en fait de mauvais. Signe qu'il y a deux domaines hétérogènes de fonctionnement. Ils sont nécessairement compatibles puisque le cosmos est un et que nous sommes dedans, mais les systèmes vivants s'établissent à des niveaux de complexité qui forcent à modifier les règles du jeu purement physique. Le discours de la démystification apparaît souvent comme un discours mystifié, qui confond les plans. À la fois paresseux et présomptueux.

J. B. — Tout d'abord, il est curieux de dire qu'il faut cesser d'opposer les savants lucides aux prêtres délirants et de confronter de la sorte Einstein et Freud sur une question qui ne relève de la compétence d'aucun des deux, mais sur laquelle ils sont en fait assez d'accord. Ceci dit, la lecture que je fais du texte diffère de la vôtre. Einstein voit dans la création d'institutions supranationales le seul espoir de mettre fin à la guerre. Était-ce si idiot que cela en *1932*, date de la lettre d'Einstein, c'est-à-dire avant même l'arrivée d'Hitler au pouvoir ? Après tout, c'est ce qui a été fait avec l'ONU quelques dizaines de millions de morts plus tard. Pourtant, il constate que de tels efforts n'ont pas encore abouti et voudrait que le père de la psychanalyse explique les « facteurs psychologiques puissants » qui « paralysent ces efforts ». Selon Einstein, la guerre est promue par trois facteurs : la volonté de puissance des gouvernements, la cupidité des marchands d'armes et l'instinct destructeur inhérent à l'être humain, sur lequel il interroge Freud. Si Freud se montre plus pessimiste, moins porté à s'engager contre la guerre, plus fataliste disons, même lui suggère qu'à la longue la guerre pourra être dépassée grâce à la peur des effets des armes modernes et au développement culturel de l'humanité. Au passage, il suggère une solution assez peu démocratique (qu'une classe supérieure de penseurs indépendants guide les masses), dont il admet néanmoins qu'elle est « utopique », et exprime la crainte typique de son époque devant l'accroissement démographique des races non civilisées et des classes arriérées (notons que le caractère idéologique de ces craintes a précisément été mis en lumière par une réflexion scientifique). Le plus remarquable dans ce dialogue, c'est le respect plutôt exagéré qu'Einstein accorde à l'expertise psychologique de Freud, lequel lui répond par des considérations sur l'interaction entre Éros et Thanatos qui sont typiques de ce qu'on peut reprocher à la psychanalyse : elles ne sont pas manifestement fausses si on les comprend dans un sens suffisamment vague, mais elles deviennent alors inutiles et intestables. Assez proche politiquement de Russell mais moins engagé, Einstein était à l'évidence préoccupé par la montée du nazisme et la menace de la guerre, et plus encore après 1945, lorsque le développement des armes atomiques rendit suicidaire l'acceptation de l'inévitabilité de la guerre. Aujourd'hui il peut paraître peu dangereux de faire la guerre à des pays sans vraie défense comme la Yougoslavie, l'Afghanistan ou l'Irak, mais cette situation ne va pas durer éternellement. Le danger prévu par Einstein et la solution qu'il aurait voulu apporter, à savoir des institutions authentiquement supranationales capables d'œuvrer pour le maintien de la paix, sont toujours d'actualité. Contester cela sans proposer d'alternative au nom de l'hétérogénéité des domaines de fonctionnement est à la fois faux et irresponsable.

Lacunes ou failles

R. D. — L'irresponsabilité, en l'occurrence, m'est souvent apparue du côté des pacifistes, non pas en vertu de leurs principes – qui se réjouirait de la guerre ? –, mais à cause de la terrible et têtue réalité que leur oppose l'histoire. Comme vous le savez peut-être, la chose stratégique, militaire, jusque dans ce détail qui n'en est pas un de l'armement, m'a assez occupé dans le passé pour lui consacrer plusieurs ouvrages. Mais ce serait l'objet d'un autre dialogue. Je note, sans plus, que vous jugez « exagérée » l'attention qu'Einstein pouvait porter aux commentaires de Freud. Mais ce faisant, Einstein, face à l'imminent désastre, ne cherchait-il pas précisément une explication à ce qui semblait dépourvu de toute rationalité ?

J. B. — Mais pourquoi pas ? On peut chercher une explication rationnelle de ce qui ne l'est pas ; d'ailleurs

Freud prétendait donner une telle explication. Le problème vient de ce que l'on passe facilement d'une idée vague, sur laquelle on peut tomber d'accord, à une assertion pointue sur laquelle je deviendrai automatiquement sceptique. On peut toujours arriver aux conclusions désirées sur le comportement humain en choisissant de façon adéquate certains faits et non d'autres.

R. D. — Un, ce n'est pas le comportement humain dans sa globalité que je vise mais l'histoire des productions symboliques, de leur influence, de leur émergence, et le phénomène humain d'évidence ne s'y réduit pas. Deux, ce n'est pas non plus une explication ultime que j'en attends, mais une simple contribution à l'intelligibilité de ce qu'on nomme la culture. Encore une fois, pourquoi une telle démarche ? Parce qu'il y a un certain nombre de faits qui m'ont semblé inexplicables à l'intérieur des idées reçues.

J. B. — Je concède volontiers que les idées reçues soient insatisfaisantes. Mais la médiologie me paraît souvent être un étrange mélange entre botanique et littérature. On a d'une part des descriptions à la manière de la botanique, mais, lorsqu'on passe aux principes explicatifs, on tombe dans la littérature.

R. D. — En quoi je tiens Hugo, Balzac et Valéry pour les plus grands des médiologues.

J. B. — Je souligne toujours le fait que la littérature nous donne une compréhension de l'être humain plus profonde que ne le fait la science. Cette compréhension s'adresse à notre faculté interprétative, et nous permet de « sentir » des situations qui nous sont inconnues. Mais elle ne nous permet pas de déterminer les causes et les effets. Pour arriver à cela, il faut procéder de façon scientifique, faire varier certains paramètres et tout d'abord identifier ceux sur lesquels on peut dire quelque chose.

R. D. — Et cela, selon vous, suffirait ? Il est troublant que les marxistes n'aient pas fait l'histoire du marxisme, pas plus que les positivistes l'histoire du positivisme, comme s'il y avait aveuglement de toute doctrine à son procédé de fabrication, de diffusion, de constitution. Et c'est cette curieuse lacune qui m'a lancé sur la piste médiologique.

J. B. — Et vous, vous arrivez à le faire ?

R. D. — On essaie. Mais continuons l'exemple. Comment se fait-il que les manuscrits d'un docteur en économie des plus obscurs aient pu générer au bout de quelques décennies des partis et des États ? Le marxisme n'a pas eu la théorie de son « devenir-force-matérielle », même si Marx a constaté qu'« une idée devient force matérielle en s'emparant des masses ». Pour comprendre cette métamorphose, ou l'efficacité symbolique de l'œuvre marxienne, il faut passer de l'histoire des idées à celle des médiations, à la fois les organisations-agents de cette transmission (clubs, sociétés de pensée, partis, internationales) et les appareils d'enregistrement et de diffusion des traces (maisons d'édition, brochures, journaux, écoles). C'est la double face de toute transmission, à la fois technique et politique.

J. B. — Si j'ai bien compris la médiologie, vous expliquez le succès ou le déclin d'idées, par exemple le monothéisme ou le socialisme, par les moyens techniques qui ont assuré leur diffusion : une forme d'écriture (cunéiforme) et de transport (le chameau) pour la croyance en l'Éternel, ou l'imprimerie pour le socialisme[26]. Il me semble que c'est répéter, mais de manière plus brutale encore, la réduction de la superstructure à l'infrastructure qu'on aurait pu trouver dans le marxisme le plus vulgaire.

R. D. — C'est précisément cette distribution du *super* d'un côté et de l'*infra* de l'autre que nous récusons. Tout se joue dans les interactions entre les deux niveaux.

J. B. — Il ne faut pas confondre interaction et corrélation. Toutes les corrélations ne sont pas des causalités. La distinction entre causalité et corrélation est essentielle, aussi en physique. Et le déterminisme des idées par la technique des moyens de diffusion qui leur sont associés fait l'impasse sur plusieurs choses : les autres facteurs historiques également « corrélés » avec les événements considérés, mais aussi le fonctionnement de cet être particulier – l'homme – qui est supposé transformer les moyens techniques (ou l'infrastructure ou tout ce que l'on veut d'autre) en idées.

R. D. — Certes. L'histoire n'est pas un laboratoire pour expérimentation, nous sommes dedans et non dehors. Mais la compréhension des époques et des lieux peut aider à tester quelques hypothèses, notamment quand il y a concordance.

J. B. — Je maintiens que l'on n'a pas de véritables explications, comme on pourrait en avoir en sciences, du triomphe du christianisme et de son déclin, de la naissance de l'Islam, de la révolution d'Octobre ou de Mai 1968. On n'arrive pas à comprendre dans leur spécificité les événements uniques dans l'histoire. On peut espérer comprendre des événements sociaux qui se répètent fréquemment, par exemple, la façon différenciée dont la presse d'un pays donné rend compte de diverses tragédies selon que la responsabilité de ces tragédies incombe au gouvernement du pays en question et à ses alliés ou à ses ennemis[27]. Pour les événements uniques dans l'histoire, *a posteriori* beaucoup de gens présentent des explications. Mais la preuve qu'elles n'en sont pas vraiment, c'est que l'on n'arrive jamais à les prédire.

Lucidité et expérience

R. D. — La capacité de prédiction est à l'évidence cruciale dès lors qu'on parle de science historique. Curieusement, les plus savants ne sont pas toujours les mieux armés, sans quoi l'Université serait au gouvernement. Les grands politiques ont parfois, intuitivement, cette aptitude à l'anticipation, car l'on a le sens de l'histoire comme l'on a le sens de l'orientation – d'une manière quasi animale. En 1940, en plein désastre, à partir d'une analyse sobre parce que technique de la situation, de Gaulle conclut à la défaite inéluctable de l'Allemagne. Ce faisant, il contredit la plupart des académiques, scientifiques, et rationalistes qui l'enverraient volontiers à l'asile. Curieux, non ? Les théoriciens et les historiens labellisés sûrs d'avoir la science de l'histoire se trompent, et un empiriste, qui n'est pas passé par l'Université mais s'est fait une grande culture historique met dans le mille.

J. B. — Pour reprendre un reproche que Russell adressait à Bergson, vous êtes en train de faire comme si chaque erreur révélait « la banqueroute de l'intellect et le triomphe de l'intuition[28] ».

R. D. — Je me borne à constater qu'en ces matières l'aveuglement et la lucidité ne se distribuent pas conformément aux étiquettes. Prenez les polémistes de l'époque. Pour Jean-François Revel, il n'est de vrai clivage sérieux qu'entre communisme et liberté. Le premier envahit tout. C'est une rupture anthropologique. De Gaulle, dit-il, n'a pas compris que 1917 a tout cassé. Il continue à parler de la Russie et non pas de l'Union soviétique. Il ne dit pas l'Allemagne de l'Est mais la Prusse. Et Revel se gausse ou s'étouffe, au choix, au nom du rationalisme, et portraiture de Gaulle en réactionnaire, obscurantiste et maurrassien. Il y en a un qui comprend tout et l'autre qui ne comprend rien, mais ce n'est pas celui qu'on croit. On a, en fait, un aveugle qui critique un lucide au nom de la lucidité même. La prédiction est un point où l'on sort des antagonismes un peu simplets entre raisonneurs et intuitifs. Le rétrograde, en l'occurrence, c'est le soi-disant progressiste avant qu'il ne devienne franchement et savoureusement réactionnaire. Un homme sans concepts prévoit le long terme. Un expert en idées met à côté de la plaque.

J. B. — Revel est philosophe de formation et je ne vois pas ce que l'antagonisme entre raisonneurs et intuitifs vient faire ici.

R. D. — Non, mais il sert le propos. Revel est un esprit critique affûté, que la passion égare souvent (de Gaulle, apparemment plus passionné, restait froid devant le phénomène communiste). Il y avait en lui du libre-penseur. Un peu comme vous...

J. B. — Merci, surtout après tout ce que vous venez de dire de lui. J'ai aimé son histoire de la philosophie occidentale et ses polémiques sur les philosophes, sans nécessairement partager toutes ses vues sur ces sujets[29]. Évidemment, sur le plan politique, en particulier sur les États-Unis, nous nous situons sur des galaxies différentes. Ce n'est pas à moi qu'il faut expliquer que l'anticommunisme peut aveugler.

R. D. — Le problème n'est pas là mais dans ce qu'on s'accorde à tenir ou non pour réel. C'est la décision capitale, car elle décide de tout le reste. Pour Revel, la nation est irréelle, seul le régime compte. Pour l'autre, le communisme est une superstructure transitoire, et prévaut la persistance russe ou chinoise. La saisie du plus réel commande celle du devenir à long terme, et celle-ci est paradoxale, voire scandaleuse, ce qui condamne immanquablement le réaliste à l'incompréhension. On se demande comment de Gaulle a tenu aussi longtemps, à proférer autant de paradoxes. Mais reprenons la comparaison. L'un possède la meilleure formation qui soit, connaît l'histoire des doctrines philosophiques et déraille. L'autre est militaire, croyant, catholique de surcroît, mais sa forme d'esprit lui permet d'aller à la substance.

J. B. — Vous procédez ici comme avec Freud et Einstein : vous prenez deux individus, vous baptisez rationaliste celui qui selon vous fait de mauvaises prédictions, et vous vous efforcez de montrer qu'il se trompe face au second.

Même en acceptant ces exemples (ce que je refuse en ce qui concerne Einstein, l'autre cas m'étant moins connu), quelle leçon peut-on en tirer ?

R. D. — Aucune, sinon qu'il faut se méfier des étiquettes et ne pas chercher la théorie seulement chez les théoriciens.

J. B. — Les discours de Lénine, de Mao, de Staline contiennent un certain nombre de prédictions qui sont correctes. Que des hommes politiques ayant un impact historique fassent, à certains moments, preuve d'une certaine lucidité, peut-être fondée sur leur « intuition », je ne le conteste pas. Mais il n'y a pas que les hommes politiques. Quand Russell, pour prendre un exemple parmi ces rationalistes que vous estimez tellement dépourvus de lucidité historique, se rend en Union soviétique en 1920, il analyse très bien la situation : d'une part, il voit que la politique impérialiste des pays occidentaux qui ont fait le blocus de l'Union soviétique et l'ont agressée ne fait que renforcer les tendances autoritaires du pouvoir révolutionnaire ; et, d'autre part, qu'on ne peut pas construire dans un pays pauvre, arriéré et encerclé comme l'Union soviétique, le type de société auquel aspiraient les socialistes occidentaux. Si on avait lu et compris cela à l'époque en France, on se serait épargné cinquante ans d'illusions et trente de désillusions.

R. D. — Ne comparons pas trente-cinq ans d'exercice d'analyse historique, ce que de Gaulle a fait, avec une intuition de Lénine en 1917 ou un constat de Russell en 1920. Les analyses de de Gaulle portaient sur le devenir du siècle, non sur des conjonctures.

J. B. — Non ; les analyses de Lénine ou de Russell portent aussi sur de longues périodes de l'histoire ; avec aussi des erreurs, bien sûr. Quant à de Gaulle, je ne suis pas sûr qu'il ne s'est jamais trompé, ni qu'il avait prévu Mai 68.

R. D. — Il s'est trompé au moins une fois, en 1947, à propos de l'Indochine en raison d'une vision très pessimiste des rapports de force qui prédominaient alors et qui rendaient effectivement possible un troisième conflit mondial. Écoutez-le plutôt en 1967, après la guerre des Six Jours, plaindre les Israéliens de leur victoire, parce que, lorsque l'on occupe un territoire, dit-il, il se produit un phénomène qui s'appelle la résistance, et la résistance produit du terrorisme et le terrorisme produit du contre-terrorisme. Ce n'est pas, ou pas seulement, du sixième sens. Il faut d'abord une solide connaissance de l'histoire.

J. B. — En 1967, j'étais trop jeune pour faire ce genre de prédictions, mais c'est exactement ce à quoi je m'attends à propos de la victoire américaine en Irak. La véritable lutte pour la libération de l'Irak ne fait que commencer. À nouveau, je ne conteste pas qu'on puisse avoir ce genre d'intuition et que, comme dans les relations humaines, certains aient plus d'intuition que d'autres.

R. D. — Je ne fais pas l'apologie du *feeling*. Pour l'Irak, il s'agit d'une évidence. Au sixième sens de l'orientation doivent s'ajouter de bonnes lectures ! Thucydide, le cardinal de Retz, Saint-Simon…

J. B. — Le problème vient de ce qu'on part d'une discussion sur le statut d'une nouvelle science humaine, la médiologie, et qu'on arrive à des considérations sur l'intuition historico-politique, que je ne conteste pas fondamentalement, mais qui ne me disent rien sur le statut de cette science. Faut-il vous croire sur parole à cause de votre intuition historique ?

Calculer la chute de l'URSS ?

R. D. — Sans jouer à Madame Soleil, je n'ai pas à rougir des hypothèses d'avenir que j'ai pu formuler ici ou là. On n'était pas si nombreux à présenter le 68 estudiantin comme le premier acte d'une contre-révolution libérale ou à annoncer au début des années 1980 la fin de l'Union soviétique. Sarcasmes de la bonne presse. J'avais enquêté, compulsé les dossiers, et compris que les rapports de force ne se mesurent pas qu'en quincaillerie militaire. Même dans ce domaine, les évaluations relevaient du bluff pur et simple, mais elles faisaient foi chez nos propres dirigeants.

J. B. — Notez que la chute de l'Union soviétique a été prédite par toutes sortes de gens à peu près constamment depuis octobre 1917. Et, évidemment, après l'arrivée au pouvoir de Gorbatchev. Mais avant son accession au pouvoir, rares sont ceux qui avaient prévu le scénario qui s'est réellement produit. Tout le problème, lorsqu'on prétend posséder une théorie qui donne une compréhension profonde d'un aspect de la réalité, est de savoir dans quelle mesure on est capable de faire des prédictions précises, surprenantes et réellement déduites de la théorie. Après coup, on peut toujours donner des explications, une fois qu'on sait ce qui s'est produit ;

c'est un peu comme les élèves qui se considèrent capables de réussir un examen une fois qu'ils en connaissent les réponses.

R. D. — Mon livre, *Les Empires contre l'Europe*, fut écrit en 1984. Sur la base de la démographie, Emmanuel Todd formulait la même prédiction. Ce que je prévois alors est que l'islamisme, force vive, va supplanter le communisme, force morte. Comment, je ne peux alors le savoir. Contre la thèse en cours d'une révolte des républiques musulmanes, j'anticipe cependant une estonisation de l'URSS à rebours de la « finlandisation de l'Europe » annoncée par nos pythies officielles.

J. B. — Cette idée de finlandisation de l'Europe faisait partie de la propagande de la guerre froide et du délire reaganien de l'époque, particulièrement fort en France. Même la Finlande n'était pas « finlandisée ». Mais mettons que vous ayez eu raison là-dessus. Je voudrais savoir comment on tire de tout cela une méthode d'investigation. Je me souviens de l'une de vos analyses médiologiques où vous attribuez à l'apparition du chemin de fer la disparition du romantisme. Imaginons qu'on vous donne toutes les informations que vous souhaitez avoir sur la technique – qu'il s'agisse de l'imprimerie, du chemin de fer, du cunéiforme et du camélidé, tout ce que vous voulez. Comment faire pour en déduire les formes culturelles ou idéologiques correspondantes, socialisme, disparition du romantisme, ou croyance en l'Éternel ? Cela me semble impossible, même en principe, et par conséquent on ne peut pas prétendre avoir une compréhension approfondie de ce qui se passe dans la sphère idéologique à partir de ce qui se passe dans la sphère de la technique. Notez que ce serait la même chose si l'on voulait « calculer » la superstructure à partir de l'infrastructure. Évidemment, si l'on sait ce qui se passe à la fois au niveau des idées et des structures matérielles, on peut toujours trouver un « récit » qui donne l'impression que l'un détermine l'autre. En sciences, par contre, on peut calculer des tas de choses qu'on n'observe pas directement – le poids que nous aurions sur une autre planète par exemple –, et il existe un grand nombre de phénomènes que l'on pourrait calculer en principe, mais non en pratique, parce que les calculs seraient trop longs. Alors qu'ici, je ne vois pas, même en mettant de côté les difficultés pratiques, sur quels principes ces calculs ou déductions pourraient se baser.

R. D. — Je refuse les termes mêmes de la question. La médiologie ne sépare pas le médium du milieu. Et l'on ne peut établir de déduction d'une nouvelle culture à partir d'une nouvelle technique en raison de la primauté du milieu, des singularités économiques, linguistiques, sociales, religieuses. Il va de soi que les causalités sont circulaires et le raisonnement médiologique peut, en cela, s'apparenter à celui de l'écologie. Il n'y a pas de déduction mécanique d'une innovation technique à une culture déterminée, sans la prise en compte de tous les facteurs extérieurs qui conforment une médiasphère, un milieu. Quant à la question des modèles, le propre de l'histoire est d'être faite d'événements. L'événement, par définition, est contingent. Ce qui est contingent n'est pas déductible d'un principe *a priori*. Donc la question de l'historien est de combiner, d'articuler des modèles d'intelligibilité à grande échelle et des déterminismes à petite échelle, des faits, des événements, des scénarios.

J. B. — On repasse ici à la position modeste, qui n'est pas toujours celle que l'on trouve dans les textes de médiologie. Vous invoquez la causalité circulaire. Dans le temps, on parlait de dialectique. Il faut distinguer entre des mécanismes bien identifiés, incluant éventuellement certains *feed-backs*, et des mots (comme dialectique) qui servent de feuilles de vigne de l'ignorance. Si l'on se contente de dire que le cunéiforme, le chemin de fer, la bicyclette, etc., sont des facteurs contribuant à l'évolution de certains processus culturels, alors personne ne le contestera, surtout si l'on souligne qu'il existe bien d'autres facteurs et que l'importance de ces facteurs techniques nous est inconnue. Mais on retombe alors sur des banalités.

Du socialisme à la Toile

R. D. — Si les modèles suffisaient, la temporalité n'aurait plus rien d'historique. Le propre de l'événement réside dans l'écart à l'attente. Un événement riche en informations n'est pas déductible d'une grille *a priori*. L'information est toujours à l'inverse de la probabilité d'apparition. Plus l'écart est grand, plus la valeur informative est forte. Ce qui ne signifie pas que l'événement soit arbitraire. N'importe quoi ne produit pas n'importe quoi. C'est tout. Et tel est l'art de l'historien du présent que Marx possédait au plus haut degré. Ses analyses concrètes font jouer ensemble les accidents de la révolution de 1848 et une grille d'interprétation pertinente pour l'époque – bourgeoisie, finance, paysannerie, prolétariat. Refusant les modélisations abstraites, Marx fait vivre un modèle dans les circonstances concrètes de la France de 1841-1851, s'informant à la fois par les journaux et par ses théories propres. Que l'histoire soit à la fois science et art, nous le savons tous.

J. B. — Science et art ? Oui, science pour l'établissement des faits, art ou littérature pour les interprétations ou la compréhension ; tout à fait d'accord. J'ai lu avec plaisir et intérêt pas mal de livres d'histoire, y compris de Marx ou de marxistes. Le problème est de mettre tout cela à sa juste place dans la hiérarchie de nos certitudes ou de nos doutes. Et de se méfier des capacités prédictives de ce genre de réflexion ou de son importance pour l'action politique. Il ne faut jamais perdre de vue que, moins il y a de faits et de tests empiriques, moins il y a de contraintes sur nos théories et plus il y a de place pour l'idéologie. C'est vrai pour la psychanalyse, mais peut-être encore plus pour les sciences politiques ou celle des relations internationales. Et là, lorsque je pense à l'idéologie, je la prends dans un sens très naïf : une mystification encouragée par certains groupes d'hommes, qu'il s'agisse d'une classe, d'un gouvernement, d'une prêtrise, pour en dominer d'autres. Le discours de la guerre froide, des années 1950 aux années 1980, avec son exagération ridicule de la menace soviétique[30], ou celui tenu par tant d'experts aujourd'hui sur la menace terroriste ou islamiste est typique de cette démarche. On choisit soigneusement les faits pour arriver aux conclusions désirées, dénonciation virulente de l'ennemi du moment et oubli des crimes commis par son propre camp, ce qui est l'exact opposé de l'attitude scientifique. Ici mon scepticisme épistémologique rejoint mes préoccupations politiques.

R. D. — Il est vrai que les discours dominants des années 1970 et 1980 étaient mystifiés. Mais le monde politique est ainsi fait que l'illusion y produit du réel. Quand je réfléchis sur cette période, j'y trouve la vérification de l'enchantement du monde, et non pas de son désenchantement. Sur le terrain de la *praxis,* l'effet de réalité vient du mythe. La vérité n'est pas la réalité. L'intelligentsia et la presse françaises étaient intoxiquées par l'Amérique, leurs visions des rapports de force étaient aberrantes ; et quand je disais, en 1980, que le problème n'était plus le rouge mais le vert, je passais pour un idiot. Comme quand je signalais, dès 1971, que la mondialisation aboutirait à la tribalisation. Que les Servan-Schreiber et consorts divaguaient parce qu'à cause de leur vision pseudo-scientifique du monde ils ne comprenaient pas qu'au terme de la standardisation des outils et des techniques il y aurait la balkanisation des cultures et des sujets. Et chacun peut voir aujourd'hui que l'Europe politique avance, comme l'horizon, avec le marcheur. Pour une raison simple ; elle a une telle insuffisance symbolique que l'incapacité pratique s'en déduit. C'est un grand marché qui va finir dans un feuilleté d'États régionaux et vassalisés, d'organisations socioprofessionnelles et de féodalités locales. Relisez les grands discours sur l'Europe-puissance des trente dernières années. Ce sont des lettres d'amour fanées qui donnent envie de pleurer.

J. B. — Je ne serai jamais d'accord avec votre façon de parler : le faux produit sans doute des effets, mais pas du vrai. Pour revenir à vos analyses médiologiques, il me semble que vous choisissez certains facteurs et que vous en laissez de côté d'autres, dont on voit mal pourquoi ils sont moins importants que ceux qui sont sélectionnés. Par exemple, c'est en termes de milieu californien, de *civil disobedience* et de *self-reliance* que vous analysez la naissance du Web. Mais il y a un autre facteur dont vous ne parlez pas, c'est l'Intranet, un réseau d'abord développé par le Pentagone.

R. D. — Erreur. Le détournement de l'innovation technique par son usage social et même son inversion pure et simple, est un lieu commun. On l'a décrit cent fois sur le cas de l'imprimerie, la machine à vapeur, et très drôlement sur le Minitel devenu messagerie rose.

J. B. — Autre exemple, là encore je résume, vous analysez l'ensemble du mouvement socialiste, les affrontements en son sein, et sa mort présumée à travers l'histoire de l'imprimerie ! N'est-ce pas excessivement réductionniste, plus que le marxisme le plus mécaniste ?

L'indécidable

R. D. — Vous êtes étonné par un raccourci délibérément provocateur mais qui couronne d'assez longues analyses d'ordre historique qu'il serait fastidieux de reprendre ici, mais qui montrent que la niche du développement du socialisme fut le milieu de l'imprimerie – le mot a d'ailleurs pour inventeur un imprimeur qui s'appelle Pierre Leroux – et ses avatars successifs furent liés à cette forme particulière de l'imprimé qu'est le périodique, le journal. Le léninisme se présente de lui-même comme une théorie du journal. La théorie de l'avant-garde, du journal comme organisateur politique, de l'alliance entre les ouvriers d'avant-garde et les intellectuels organiques, c'est la rencontre au marbre, dans un souterrain, entre celui qui remet son article et le typographe. Et, de Babeuf jusqu'à aujourd'hui, le sort des partis socialistes et le sort des partis communistes eux-mêmes sont entièrement liés à l'écologie de l'imprimerie au plomb, qui déborde bien sûr sur tout ce qui entoure le journal. C'est l'école des cadres, le programme du Parti, la thèse du Congrès ; c'est la bibliothèque, c'est la maison du peuple, c'est l'Université populaire, etc. Tout cela faisant système. Descriptions, chroniques, recensements, quantifications, dénombrements... Je ne sonde ni les mystères ni les âmes, et me moque de savoir ce qu'il y avait dans la tête de Gutenberg. Qui a animé l'Internationale ? Des imprimeurs. Délibérément, je relie un phénomène idéologique à un substrat technique : le plomb. Fin du plomb, fin des typos, fin des colonnes vertébrales des partis. Le jour où *L'Humanité* s'est mise à la vidéocomposition, c'était fini !

J. B. — Vraiment ? Tout le malheur de *L'Humanité* vient de la vidéocomposition et ne doit rien à l'évolution interne de l'URSS et du mouvement communiste ? Ou bien celles-ci sont-elles aussi déterminées par les techniques d'impression des journaux ? De plus, dire que Mao était bibliothécaire, et que Lénine et Jaurès étaient journalistes n'explique pas grand-chose à propos des différences entre eux, qu'il s'agisse de doctrine ou d'impact. Finalement, pourquoi est-il surprenant que les mouvements d'idées soient liés à l'univers des livres et des journaux ?

R. D. — Mais ils n'y sont plus liés désormais. La philosophie à la mode du jour n'a cure de l'imprimerie ; elle dépend de la culture audiovisuelle. Elle traduit dans l'écrit les contraintes de l'information par images, et ses champions ne sont pas des profs mais des journalistes. À chaque époque, la production symbolique est inconsciemment fédérée par des organisateurs collectifs que sont, en priorité, les moyens de communication.

J. B. — Voilà un bon exemple : la Nouvelle Philosophie dépend peut-être en partie de la culture audiovisuelle, mais elle n'est pas déterminée par elle. Il y a toutes sortes d'autres facteurs, dont certains sont faciles à identifier. La nécessité, après les défaites dans les guerres coloniales et dans celle du Viêt-nam, de trouver une nouvelle légitimation à l'interventionnisme occidental, vieux de plusieurs siècles. Une vision extrêmement sélective de l'histoire et un discours tout aussi sélectif sur les droits de l'homme ont fait l'affaire. Mais il me semble qu'il y a là un discours idéologique assez caractéristique, qui s'explique en termes d'intérêts de groupes dominants plus qu'en termes de techniques.

R. D. — Laissons de côté la Nouvelle Philosophie, essayons d'être sérieux. Pour faire vite, peut-on établir, comme Victor Hugo le fait, avec génie, des corrélations entre l'imprimerie et la Réforme ? Mais les Coréens, au

XIe siècle, inventent l'imprimerie avant les Allemands, sans que s'ensuivent des effets culturels notables. L'efficacité de l'innovation dépend du milieu culturel et économique qui lui donnera ou non sa portée. Cela dit, il y a des raccourcis poétiques qui disent le vrai. L'idée très médiologique que le chemin de fer a signé la fin du romantisme m'a été suggérée par Julien Gracq, en s'appuyant sur Vigny et d'autres. La seule façon d'en décider scientifiquement serait de revenir en 1824, d'interdire le chemin de fer, d'arrêter les locomotives et de voir si la bataille d'*Hernani* va allumer la mèche ! Impossible.

J. B. — Exactement ! Et comment va-t-on trancher ce genre de questions ? N'est-ce pas indécidable (dans un sens plus banal que chez Gödel) ?

R. D. — Cet indécidable est-il pour autant déraisonnable ? Non. Paul Valéry, en 1931, dans *Regards sur le monde actuel*, analysant la radio, annonce la télévision, parce qu'à distribuer le son, il le prévoit, l'on distribuera bientôt l'image. En l'on verra apparaître, dit-il, des sociétés de « distribution de réalité sensible à domicile ». Dans la forme, c'est une drôlerie. Sur le fond, c'est un pronostic. Et c'est bien cette raison qui est à l'œuvre lorsqu'on fait jouer les concepts médiologiques sur l'enseignement du fait religieux à l'école. Expliquer. C'est tout. Je ne prétends pas à plus. La médiologie se contente de systématiser un mouvement d'élucidation lancé par... Platon. Le premier en date des médiologues lorsque, dans *Phèdre*, il demande ce que l'écriture va changer dans la société et les esprits.

J. B. — Vous prétendez ne pas faire plus qu'expliquer, mais je conteste justement que vous arriviez à expliquer ! Vous décrivez et vous mettez en lumière certaines corrélations, peut-être inconnues auparavant, et c'est très bien de faire cela, mais je n'appelle pas cela expliquer. En effet, l'effet des moyens de transmission matériels sur les représentations symboliques ne peut pas se comprendre si on n'en sait pas plus sur la façon dont le petit ordinateur portable que vous avez entre les oreilles et derrière les yeux traite les signaux, les symboles ou tout ce que vous voulez.

R. D. — La cueillette des pommes n'implique aucun mépris pour la loi de la gravité. Je ne m'intéresse pas à la résurrection de Jésus-Christ sous l'angle de la biochimie mais sous celui des convictions motrices.

J. B. — Oui, mais vous prétendez expliquer celles-ci sans jamais faire intervenir, à aucun moment, le fonctionnement de la pensée, alors que celui qui cueille les pommes sait très bien qu'il faut tenir compte de la gravité. La relation entre socialisme et imprimerie au plomb ne fait jamais intervenir les besoins humains, même élémentaires, comme manger ou dormir, dont on peut quand même penser que la non-satisfaction a été une des principales causes de ce mouvement.

R. D. — Pourquoi vous serait-il si difficile d'envisager le dépérissement du socialisme – j'entends le mouvement social et d'idées – alors que vous professez la disparition des religions ?

J. B. — Je veux bien envisager le dépérissement de ce qu'on a appelé « socialisme », pour le moment en tout cas, mais je conteste le lien mécanique avec les avatars de l'imprimerie. Pour ce qui est de la religion, je ne sais pas ce que professer sa disparition veut dire. Je la souhaite, oui ; et je la constate en partie à certains endroits et pas à d'autres. Mais là-dessus je sens que nous serons encore moins d'accord que sur le reste.

4

LE RELIGIEUX ET LE POLITIQUE

Classicisme et romantisme

RÉGIS DEBRAY — Vous ressortissez, si je puis me permettre, comme la plupart des scientifiques, et grand bien vous fasse, au genre classique, par opposition au romantique. Vous avez une méfiance instinctive, ô combien justifiée, envers tous les phénomènes de foule, passionnels, « irrationnels », comme sont les guerres, les élans et croyances collectifs, les sentiments nationaux, les illusions lyriques, les pèlerinages à Lourdes, les cultes de la personnalité, les défilés militaires, les monuments aux morts ou aux grands hommes, et j'en passe. Tout cela, n'est-ce pas, c'est sottise et baliverne, mystification et compagnie. Ne nous en mêlons pas. Soit. Il n'en reste pas moins que ces « billevesées » et ces « singeries » signent, et persistent, et reviennent sans se lasser au beau milieu de notre monde « rationnel » et technique. Comment expliquez-vous ces retours d'âge ?

JEAN BRICMONT — Distinguons une fois pour toutes entre mon antipathie pour les phénomènes que vous mentionnez, que je ne nie pas, et l'idée qu'il ne faut pas s'en mêler, au sens où il ne faudrait ni les comprendre ni les combattre. Et, pour ce qui est de les comprendre, je ne suis satisfait par aucune explication existante, donc j'adopte une attitude un peu éclectique.

R. D. — Vous avez du mal à admettre que le collectif est un ordre essentiellement différent de l'individuel. Et que ce qui vaut pour la conscience ou la démarche d'un entendement solitaire – une certaine éthique de la connaissance, par exemple – ne peut valoir dans l'ordre social. Comme disait Valéry, « la confusion mentale est pathologique quand on est seul, normale quand on est plusieurs ». Même chose pour l'idée fixe. Sans parler du meurtrier qui, dans une troupe et sur un champ de bataille, devient un héros. Si vous ne distinguez pas les ordres, c'est toute la vie sociale qui bascule dans l'absurde.

J. B. — La phrase de Valéry est-elle valable en toute généralité ? Notez que le meurtrier ne devient héros sur le champ de bataille que s'il tue l'adversaire, pas ceux de son camp. Si on veut vraiment identifier des lois de l'ordre social, il faut procéder avec soin. Pour ma part, je tiens à souligner que l'essentiel du discours religieux peut s'analyser selon l'axe vrai/faux et qu'il n'y a aucune raison de croire qu'il est vrai. C'est quelque chose que vous n'aimez pas souligner, tout occupé que vous êtes à tenter d'identifier les causes psychosociologiques de la croyance. Mais votre discours risque alors de rencontrer celui de beaucoup de croyants modernes et même d'incroyants qui, comme je l'ai dit, font comme si le discours scientifique et le discours religieux se déroulaient sur des plans différents, l'un s'occupant des faits et l'autre de sens ou de valeur. Mais l'existence de Dieu, des anges, du ciel et de l'enfer, ou l'efficacité de la prière sont des assertions de fait ; et si on les retire vraiment, c'est-à-dire si on admet qu'elles sont fausses, alors je ne sais pas ce qui reste du discours religieux, par exemple comment créer du sens ou des valeurs qui soient différentes de celles des athées, tout en partant de la même base factuelle. Et si on veut maintenir les assertions de fait, alors on entre en conflit avec la science, soit directement, par exemple au sujet de l'évolution, soit indirectement à propos des moyens que nous, humains, avons d'accéder à des connaissances fiables ; je pense ici à la critique philosophico-scientifique de la métaphysique.

R. D. — Le « psychosociologique » n'est pas mon domaine. Je lis très peu le journal, mais beaucoup d'histoires, ancienne, moderne et contemporaine. Et pas comme un sottisier (et pourtant que d'insanités, de délires, d'utopies), plutôt comme un *croyancier*. Ce ne sont ni la vérité ni l'erreur, au sens où vous l'entendez, qui m'intéressent, mais l'illusion, c'est-à-dire la croyance qu'on ne peut pas ne pas avoir parce qu'elle répond à nos souhaits les plus incoercibles, biologiques ou existentiels.

J. B. — D'une part, il y a des millions d'incroyants dans le monde qui n'éprouvent nullement ce souhait incoercible ; pourtant, ils mangent, dorment, ont des rapports sexuels, des familles, des amis et des ennemis, etc. Il faut être prudent sur ce qui est vraiment nécessité biologique. De plus, votre discours, même si je sais bien que ce n'est pas son but, risque d'être confondu ou de légitimer la principale astuce du discours religieux contemporain, à savoir l'idée que la religion s'occupe de vérités d'un autre ordre que la science ; ce discours présente volontiers la religion comme quelque chose d'éthéré, qui cherche à éviter le conflit avec la science par tous les moyens possibles et imaginables, en réalité parce que ce conflit a eu lieu et que les croyants l'ont perdu.

Des plans séparés ?

R. D. — C'est pourquoi je ne vois pas la pertinence ni l'intérêt à chercher à établir des convergences entre Science et Sens, comme ces curieux explorateurs du Centre de théologie et de sciences naturelles de Berkeley qui invitent, *via* l'Unesco, à « explorer la convergence pouvant exister entre leur quête de connaissance et leur démarche spirituelle ». Mais je n'en vois pas plus, excusez-moi, à vouloir établir une nouvelle fois, comme vous le faites avec brio, l'irréductible antagonisme entre science et religion. Oui, et après ? L'hétérogénéité des deux plans devrait plutôt vous inquiéter comme signe que le religieux a des lois qui lui sont propres. Vos démonstrations n'empêcheront jamais les idéologies, comme les religions, de courir sur leur erre, sur le plan qui leur est propre, où les deux ordres de question appellent deux ordres de réponse.

J. B. — Non ; ce sont les chrétiens modernes, d'abord les protestants, ensuite la plupart des catholiques, qui ont avancé l'idée selon laquelle science et religion vivent sur des plans séparés. Et ils ont réussi à convaincre de cela pas mal de laïques. Mais supposons que l'on retire de la religion la littéralité de la Bible, l'efficacité de la prière et les autres choses où le conflit avec la science (sur le plan des faits) pourrait se produire[31] ; qu'en reste-t-il ? Soit des assertions purement métaphysiques – un dieu complètement coupé de notre monde – qui n'intéressent presque personne, soit des assertions purement morales. Mais en quoi cette morale sera différente d'une morale non religieuse si on abandonne toutes les assertions de fait, les punitions divines ici et dans l'au-delà, l'intérêt de dieu pour sa créature humaine, etc. ? C'est un succès remarquable des croyants que d'être arrivés à convaincre tant de leurs adversaires que le plan des faits, sur lequel ils ont été obligés de battre en retraite devant les avancées de la science, n'était en fait pas celui auquel ils tenaient vraiment. Il est curieux qu'il leur ait fallu des siècles pour se rendre compte de cela. Et il est intéressant d'observer que, partout où les religions sont encore virulentes, beaucoup de croyants n'ont pas encore fait cette grande découverte et continuent à prier pour guérir et à interpréter littéralement les textes sacrés.

R. D. — Certes, mais si notre Dieu personnel est une entité tardive et transitoire, je n'en dirais pas autant de la fonction Dieu elle-même. Elle est à traiter avec la même considération respectueuse que la fonction digestive ou sexuelle.

J. B. — Cette métaphore me plaît, mais elle illustre encore la difficulté que je veux souligner : nous connaissons mieux les mécanismes de la digestion que ceux de la pensée et, si nous avons compris les premiers, ce n'est pas en regardant les choses, mais par une étude scientifique qui s'est étendue sur des siècles.

Le fait religieux

R. D. — Néanmoins, je vous ferai remarquer qu'une théorie de la militance n'a pas à être militante – comme l'idée du cercle n'est pas ronde – et que la mise en évidence des effets regrettables d'une idée ne vaut pas réfutation de sa consistance propre. Du « complexe de Constantin », pour l'appeler ainsi, ou de certaines conduites socialement irrépressibles d'orthodoxie ne découle pas que je doive personnellement reconnaître des vérités d'État ou des religions officielles. Avec la gravitation universelle, on peut aussi faire des parachutes.

J. B. — Mais je ne vois pas bien quel parachute vous construisez avec votre analyse de la religion. Il me semble plutôt qu'on arrive à accepter, sinon à recommander, la chute libre. Mais avant de se lancer dans une analyse du phénomène religieux, il faut peut-être distinguer entre différents aspects de ce qu'on appelle d'habitude religion. Il y a la croyance en des êtres invisibles et imaginaires, une consolation concernant la continuation de la vie après la mort, une pseudo-science, une morale, un discours de justification du pouvoir ou de cohésion ethnique – « Dieu est avec nous ». Remarquons au passage que l'aspect pseudo-scientifique est en général rejeté avec mépris hors de la religion par les chrétiens modernes et qu'il est aussi négligé dans la plupart des discours laïques sur la religion, mais qu'il est fondamental partout où la religion est forte.

R. D. — Regardons aussi, et surtout, le délire patriotico-religieux aux USA après le 11 septembre 2001 ; et les exaltés musulmans, à Karachi et au Machrek. Est-ce là le discours « éthéré de ceux qui ont perdu », et dont vous vous moquez ? La tendance des classiques, dans la lignée des Lumières, est à nier ce type de phénomènes collectifs assurément déplaisants, ou à les ridiculiser en les versant au compte de la bêtise. Cela évite d'avoir à pénétrer la chose et à en explorer les raisons d'être.

J. B. — Nous nous comprenons mal. Je veux bien explorer les raisons d'être, mais explorer cela peut prendre du temps et ne consiste pas à trouver des cas particuliers qui semblent justifier des réponses données à l'avance. Ce que je veux souligner, à nouveau, dans la perspective que je défends, est qu'il faut se poser la question des fonctions psychologiques qui soutiennent la croyance comme préliminaire à toute explication véritable du phénomène religieux. Et je ne suis pas sûr que les différents aspects mentionnés ci-dessus relèvent tous de la même fonction. En d'autres termes, en l'absence d'une compréhension détaillée de comment fonctionne l'esprit, il me semble que tout discours sur la religion, en particulier toute explication matérialiste, historique, sociologique ou autre sera au mieux intéressante du point de vue descriptif, au pire erronée.

R. D. — Le postulat implicite de votre « perspective », classique donc, et je le dis sans caricature, est que nous devons opposer des idées claires au monde obscur des mythes, des sentiments et des images ; c'est seulement ainsi qu'on en viendra à bout. Les romantiques, eux, l'enregistrent bien, mais pour s'y complaire et exalter les valeurs du cœur, du chaleureux et du communautaire, ou encore dresser les forces telluriques contre la raison jugée abstraite et desséchante. Je fais partie de ceux qui voudraient à la fois prendre acte d'un fait et en chercher les raisons, c'est-à-dire appliquer à ce qui fait l'objet des philosophies romantiques – le religieux, le national, le messianique – des schémas d'intellection classiques. Cela heurte les romantiques qui nous reprochent de vouloir normaliser, banaliser l'ineffable et le mystérieux. Et cela suscite l'ire des classiques, qui nous reprochent un suspect penchant pour des phénomènes pathologiques eux-mêmes assez suspects. Ou, comme vous les dites, pour l'« astuce ».

J. B. — Pour ma part, je ne vous fais aucun procès d'intention.

R. D. — Soit. Entendons-nous. L'idée qu'une communauté humaine est d'autant plus pérenne et solide qu'elle fonctionne au délire, au pathos, au fantasme, ou à l'argument d'autorité – pensons aux ordres religieux, les plus anciennes institutions du monde – n'a rien de très agréable, j'en conviens, et il ne suffit pas que quelque chose soit désagréable pour qu'elle soit vraie, d'accord. Reste à la penser.

J. B. — Tout dépend de ce qu'on appelle « solide ». Les États modernes sont sûrement plus puissants que les ordres religieux. En outre, il vous faudra sans doute introduire de nouveaux concepts, explorer les nombreuses religions « animistes », pour véritablement expliquer ce que l'on nomme « religion ».

R. D. — Oui, « religion » est un mot trop commode auquel il nous faudra sans doute un jour renoncer. Reste à prendre acte qu'il regroupe des fonctions apparemment exclusives : l'amour et la haine, l'hostilité et la fraternité, le plus intime de l'âme et aussi le détail vestimentaire. L'important est de comprendre pourquoi cette incongruité fait aujourd'hui retour au rebours du dépérissement radieux qu'avaient annoncé nos grands aînés. D'où la recherche d'un modèle explicatif qui corresponde aux faits d'observation et d'expérience, point final.

J. B. — Nous avons déjà constaté notre désaccord sur ce qui constitue un modèle explicatif. Mettons ce désaccord en œuvre sur des questions concrètes.

Autour du territoire...

R. D. — Tâchant d'isoler ce qui traverse les siècles, du dedans, je rencontre ce qu'on pourrait désigner, pour aller vite, comme un certain lien entre la territorialité et la sacralité. Je consulte mes classiques ; pas d'explication. Y règne, comme chez Bergson, l'opposition canonique du clos et de l'ouvert. Ce qui bute avec le paradoxe selon lequel, là où l'on constate une clôture – sur soi, comme différent du voisin – va également une ouverture – à une utopie, un rêve, un idéal perdu et à

rejoindre. Plus un collectif est intégré, plus il est
« croyant ». Et à l'inverse, plus le collectif se dissout,
perd ses frontières mentales ou matérielles, moins il y a
de « transcendance » dans l'air. Et s'il y avait, quoi qu'en
ait dit Bergson, non une antinomie mais un rapport
organique, nécessaire et systématique entre ce qui clôt
à l'horizontal et ce qui ouvre à la verticale ?

J. B. — Je n'y peux rien si vous choisissez Bergson
comme classique. Dans sa critique de la « conception
matérialiste de l'histoire », à laquelle il reproche sa rigidité dans le traitement de l'instinct, Russell fait remarquer que « le facteur non économique le plus important
et dont la négligence a induit le plus les socialistes en
erreur est le nationalisme ». Il rejette l'idée marxiste
selon laquelle les travailleurs de tous les pays qui ne
s'unissent pas sont simplement trompés par les capita-
listes. Il ajoute qu'en plus des classes sociales « la religion
a été pendant de longues périodes historiques le facteur
le plus décisif pour déterminer le troupeau de l'individu ». Il conclut que Marx a hérité une psychologie
rationaliste du XVIIIᵉ siècle, à travers les économistes
orthodoxes britanniques, mais que « la psychologie
moderne a plongé bien plus profondément dans l'océan
d'insanité sur lequel flotte tant bien que mal la petite
barque de la raison humaine[32] ». Si un « rationaliste »
est parfaitement prêt à dire cela en 1920, que voulez-
vous de plus et qu'y a-t-il de neuf sous le soleil ?

R. D. — Que Russell ait saisi la permanence du fait religieux devrait vous inciter à l'inconfort dialectique
auquel je vous invite. Reprenons le fil. La science peut

et doit renoncer aux fondements et aux frontières, mais une société le peut-elle ? Je veux dire se passer d'un premier principe, d'un centre symbolique, d'un point d'origine ou d'un point de fuite, toujours imaginaire, à commémorer, par exemple, dans une fête nationale ? De même, admettre la frontière comme ligne de partage, et donc d'inclusion/exclusion sans cesse à construire et à redéfinir – pensons au Bosphore pour l'Europe d'aujourd'hui – ne revient évidemment pas à la fétichiser dans l'idéologie des « frontières naturelles ». Les frontières sont humaines, tragiquement humaines. Je ne tire ce constat d'aucune sociologie « sauvage » ou subtile. J'observe.

J. B. — Que voulez-vous dire par là ?

R. D. — Sur le terrain des faits, se dessinent deux constantes aussi saisissantes qu'inattendues – pour qui s'en tient aux textes canonisés. La première est que l'animal politique semble invinciblement « territorial », et qu'à peine lui efface-t-on une frontière il s'en recrée une autre. L'*homo politicus* s'avère, dans ses conduites – et quelles que soient ses théories – inséré dans, ou raccordé à, un *lieu*, mythique ou réel. Il n'est jamais de nulle part – les nomades encore moins. Citoyen de Genève ou chamelier, fils d'untel, issu de tel pâturage.

J. B. — Vous essentialisez cette notion de territoire qui, me semble-t-il, a...

R. D. — ... pour avantage de mettre d'accord anthropologues et géographes, ainsi que d'exclure un certain nombre de rêveries plaisantes sur le nomadisme, la dérive, le rhizome, la liberté « schizo-décodante », etc.

Les vues les plus profondes sur les multiplicités molécu-laires, les intensités libres et les singularités nomades n'y peuvent rien, non plus que la déterritorialisation écono-mico-financière et la révolution des transports. Plus celle-ci avance, plus les tribus, clans et maffias se recons-tituent, chez nous comme ailleurs.

J. B. — Je ne sais pas très bien quels textes canonisés je suis supposé défendre. Si j'ai cité Russell, c'est pour montrer que des remarques vagues sur l'importance du territoire et du sacré ont été faites il y a longtemps et que cela ne l'a jamais empêché de lutter contre le natio-nalisme, la religion ou l'oppression. Pour lui, comme pour moi, le véritable problème politique est de construire des institutions et un environnement qui per-mettent de limiter les aspects destructeurs de notre nature – illusions, agressivité, compétition – et de déve-lopper les aspects constructifs – rationalité, respect, coo-pération. Cela n'a rien d'irrationnel ou d'utopique et ne suppose pas que l'on doive nier l'existence des tendances autodestructrices dans l'être humain.

R. D. — Vous allez trop vite, et l'activisme libertaire le dispute, chez vous, à l'impatience théorique. Le territoire précède les modes de pouvoir et les organise. J'ai passé quelques semaines à enquêter dans la banlieue parisienne du côté des cités, et en particulier d'Évry, dans l'Essonne. On n'y parlait que de fronts à tenir et de territoires à défendre. De cordons sanitaires et de lignes à ne pas transgresser. Malheur au type des Tarterets qui met les pieds aux Pyramides. La logique de partage du territoire est partout. Notez bien que Tite-Live et les mythes de fondations antiques ne racontent rien d'autre. Fonder une ville, c'est tracer un sillon et faire une enceinte – et malheur à Remus qui franchit le *pomerium*. On peut aussi « fermer » un territoire doctrinal ou dogmatique, circonscrire un espace de pureté, une langue, ou d'appartenance imaginaire, une généalogie – avec un voile, un point sur le front, ou une carte de membre. Il est d'innombrables exemples de ce besoin de clôture, ou d'identification, ou de distinction, ou de terre sainte avec droits de passage et de douane – au minimum !

J. B. — Et alors ? Si vous donnez un sens concret à vos assertions, mettons que les Français et les Allemands, les protestants et les catholiques, les juifs et les musulmans, ou encore ceux des Tarterets et ceux des Pyramides se feront toujours la guerre, ne se parleront jamais, vous serez aussitôt démenti par les faits. En étudiant l'histoire, on s'aperçoit que la territorialité a reculé ou, si vous préférez, que l'espace auquel elle s'applique s'est élargi. Nous n'avons, à bien des égards, jamais été aussi cosmopolites qu'aujourd'hui. Si vous dites qu'il restera « quelque chose », c'est sans doute vrai, mais, en l'absence d'une meilleure connaissance de l'être humain, je ne sais pas ce que cela veut dire.

R. D. — Indiquez-moi une seule communauté religieuse ou politique dépourvue de seuil et sans droit d'entrée ? Une organisation de plain-pied pourrait sans doute se passer de tout *credo* métaphysique ou mythologique, mais elle n'a qu'un inconvénient, son statut d'ectoplasme ou d'élucubration. Elle n'est, et ne sera pas localisable sur une carte, comme l'est une civilisation historiquement constituée, dont Braudel nous a montré qu'aussi perméable et accueillante soit-elle, aussi fondée qu'elle soit sur l'échange et l'emprunt, les caravanes et les ports, aussi hésitantes et lentes que soient ses douanes, elle garde ses mécanismes internes de fermeture ou de refoulement – c'est Byzance se fermant au monde latin, l'Italie à la Réforme, le monde anglo-saxon au marxisme ouvrier. « Ces refus d'emprunter, ces hostilités secrètes conduisent toujours au cœur d'une civilisation », dit l'historien.

J. B. — Il y a une façon très simple de « prouver » qu'il n'y a pas de progrès dans l'histoire et que rien ne change, et vous n'êtes d'ailleurs pas le seul à l'utiliser. On prend une notion vague, comme territoire ou sacré, et on en fait une entité métaphysique. C'est-à-dire que l'on met au défi celui qui croit au progrès de trouver « une seule communauté dépourvue de seuil ». Bien entendu, je n'en trouverai pas, parce que des mots comme frontières, seuils, etc. sont bien trop vagues et que, comme dirait Popper, ils permettent de s'immuniser contre la falsification. Ce que je constate, par contre, c'est que la probabilité d'une guerre entre l'Allemagne et la France est plus petite qu'il y a un siècle et que cela constitue un progrès. On pourrait discuter d'autres situations, mais je refuse de me demander si on peut atteindre un objectif défini de façon suffisamment vague pour qu'on soit sûr de ne jamais l'atteindre.

R. D. — La pérennité de la frontière est peut-être un trait qui unit le politique au biologique. Pour qu'il y ait vie, ne faut-il pas qu'il y ait membrane, alvéole ou vésicule ? Le passage de l'inorganique à l'organique s'accompagne d'une différence de structure entre un dedans et un dehors. Ce qui est à la fois réjouissant et aussi bien embêtant.

J. B. — Ceci est exactement le genre d'analogie facile – avez-vous vraiment oublié Gödel ? – qui fait du tort à la fois à la compréhension de la politique et à l'application d'idées biologiques à l'étude de l'être humain.

… Et autour du sacré

R. D. — Soit, respectons les cloisonnements, restons corrects, chacun chez soi et l'Université sera bien gardée. Plus dérangeant, et c'est le deuxième point, la sacralité survit fort bien aux sociétés sans Dieu et sécularisées depuis belle lurette.

J. B. — Qu'est-ce que cela prouve ?

R. D. — La question est de savoir s'il suffit de liquider Dieu pour en finir avec le religieux. Quand on se promenait en Union soviétique – hiératisme, hiérarchie, mausolées, pèlerinages, icônes –, on se persuadait assez vite que l'athéisme officiel s'était trouvé des substituts assez avantageux.

J. B. — Encore les illusions-désillusions sur l'Union soviétique ! Voilà un pays qui est au Moyen Âge en 1917, qui est envahi deux fois, d'abord par une coalition de démocraties, puis par l'Allemagne nazie. Ils doivent se reconstruire à chaque fois. Ils édifient une économie relativement moderne et ce sont eux qui portent les coups les plus durs aux nazis (ce qu'on a fort tendance

à oublier aujourd'hui), au cours de la guerre la plus terrible de l'histoire. Ils font reculer la religion, en partie
par la répression, mais aussi par l'éducation et la diffusion
des connaissances scientifiques. On s'enthousiasme en
France devant tout cela, puis on s'aperçoit que cela n'a
été possible qu'à travers une dictature féroce, que ce n'est
pas le paradis sur terre et que leur athéisme n'est pas sans
reproche. Quelle magnifique découverte et quelle sur-
prise ! Remarquez quand même que l'athéisme s'est
considérablement répandu depuis quelques siècles, particulièrement en Europe ces dernières décennies. Vous
ne pouvez donc pas faire de la sacralité, pas plus que de
la territorialité, un principe universel et immuable.

R. D. — Pas plus que vous n'avez pu m'indiquer une
seule communauté politique totalement ouverte, je n'ai
encore trouvé un pays au monde, fût-ce une île du Pacifique Sud, où l'on ne se réfère à une valeur transcendante
— père de la nation, héros fondateur, devise à majuscule,
constitution sacro-sainte. Je ne donne pas un sens surnaturel à « transcendant », entendant par là une simple
valeur de position, extérieure et supérieure au plan
d'immanence où vivent les gens, *hic et nunc.* Comme l'est
l'âge d'or, l'origine légendaire, par rapport au médiocre
présent. Ou bien demain, la deuxième venue du Christ
ou le règne des Droits de l'homme tant attendu.

J. B. — J'avoue mal connaître les îles du Pacifique Sud,
mais je voudrais voir combien de jeunes aujourd'hui en
France se réfèrent à un père de la nation, un héros fondateur, une devise à majuscule, une constitution sacro-
sainte. En fait, rien ne vous dit que l'athéisme et, à sa

suite, un certain rationalisme ne se répandront pas dans le monde entier. Cela ne se fera pas en un jour, mais quand je pense à la religion telle qu'elle existait dans mon enfance et qui, sous cette forme, a pratiquement complètement disparu dans nos pays, même chez ceux qui aujourd'hui se disent encore croyants, il me semble que ce qui pouvait passer pour utopique il y a seulement quarante ans s'est tout simplement réalisé.

R. D. — L'erreur, la vôtre en l'occurrence, est d'ignorer qu'on ne détruit que ce qu'on remplace, formule de Danton admirablement approfondie par Comte. Voyez les sacralisations substitutives d'avant-hier – la sacralité du Roi se reportant sur la Patrie dans le bréviaire républicain ; celle de l'Église sur le Parti dans les catéchismes du Progrès social. Là, loin de disparaître, l'ersatz aggravant déroule sous nos yeux ses facéties cruelles aux quatre coins du monde, y compris chez nous, avec nos sectes, nos astrologies et nos parasciences.

J. B. — D'abord, les chiffres sont encourageants. D'après une enquête récente, la croyance religieuse recule en France, même comparée à ce qu'elle était il y a dix ans ; 47 % des sondés estiment que, plus la science progresse, plus il est difficile de croire en Dieu, et 39 % pensent qu'il n'y a absolument rien après la mort[33]. La croyance dans l'astrologie passe de 60 % à 37 %, et dans la voyance de 46 % à 23 %. Ce n'est pas si mal. Il est vrai qu'il y a les superstitions, mais qui semblent régresser aussi – et, comme l'Église a partiellement abandonné ce terrain, il est occupé par d'autres. Mais il faut quand même remarquer que les pseudo-sciences ne structurent pas nos vies, sur le plan moral ou politique, de la même façon que le faisait l'Église au temps de sa splendeur. Donc, je constate quand même un progrès.

R. D. — Rien ne dit que l'exception française – minuscule au regard du réenchantement massif de l'Asie, de l'Afrique, du Moyen-Orient et de l'Amérique – dure longtemps, et encore moins qu'elle puisse servir de norme.

J. B. — Votre définition ou absence de définition du sacré fait que...

R. D. — le sacré est tout ce qui donne un corps à cela qui sans lui en serait privé. Chaque collectif appelle sacré ce qui lui permet d'être lui-même un tout et non un tas. Je suppose que le libertaire en vous proteste contre cette « aliénation irrationnelle et déresponsabilisante ». Vous aurez sans doute raison au plan intellectuel, mais les collectifs concrets risquent de se moquer de vos excellentes raisons.

J. B. — Ne répondez pas à ma place ! Le problème n'est pas celui de l'aliénation, mais du caractère métaphysique de vos définitions. Si les corps existent, alors le sacré aussi, par définition. Mais cela ne m'éclaire pas plus que les preuves *a priori* de l'existence de Dieu.

R. D. — Bien sûr, le sacré est relatif à une société et à un moment, et ce qui l'est d'un côté de la rivière ne l'est pas de l'autre. Chaque groupe répute intouchable sa propre pierre de touche, réelle ou conventionnelle, historique ou surnaturelle – qui le fait tenir debout, et par laquelle sa cohésion interne advient. Ou, si vous préférez, dont la suppression, ou la désacralisation, entraînerait la dislocation ou la déliaison interne des membres ou des morceaux du groupe réuni à lui-même. Lénine faisait tenir ensemble les républiques de l'Union soviétique ; la Kaaba de La Mecque, toutes les parties de l'Umma ; le souvenir de la Shoah, la nation israélienne et la diaspora. Ce sont donc, à chaque reprise, avant et après les Lumières, des sacralités.

J. B. — Vous voilà un peu plus concret ; mais alors vous oubliez toutes sortes de facteurs historiques – il n'y avait pas que Lénine qui faisait tenir ensemble les républiques de l'Union soviétique ; il y avait un système social, un parti, une armée. Même chose pour les autres exemples – vous avez l'art de vous focaliser sur les idées et d'oublier les rapports de force et les rapports sociaux. En plus, vos incessantes remarques sur les Lumières finissent par m'irriter. Vous montrez assez peu de reconnaissance à l'égard des sceptiques, des rationalistes, des scientifiques qui ont pris des risques immenses dans le temps pour que nous puissions aujourd'hui vivre libérés des croyances religieuses et que vous puissiez vous-même tenir les propos que vous tenez – propos qui, même si vous vous efforcez d'être infiniment respectueux vis-à-vis de la croyance, paraîtraient impies à un vrai croyant.

Sur le profane

R. D. — À ces grands hommes, la Raison reconnaissante ? Voyez dans cette pique un signe de ma piété républicaine.

J. B. — Passons. Quelle sacralité voyez-vous aujourd'hui en France, par exemple ?

R. D. — Un exemple entre cent ? La loi Gayssot vient d'officialiser la sacralité sociale de l'Holocauste ; et quand dans deux cents ans d'ici nous aurons changé de religion civile, cette loi tombera en désuétude, mais un autre événement, immonde ou prodigieux, permettra de départager le licite de l'illicite, ou le bon du mauvais.

J. B. — Comme le fait très bien remarquer Chomsky à propos de ce genre de mesures, c'est rendre « un pauvre service à la mémoire des victimes de l'Holocauste que d'adopter une des doctrines centrales de leurs assassins » (à savoir qu'il appartient à l'État de déterminer la vérité historique et de punir ceux qui ne l'acceptent pas[34]). Mais pour absurde qu'elle soit, cette loi n'est pas la même chose qu'un phénomène de sacralité de masse – la plupart des gens ne la connaissent pas et elle ne fait plaisir qu'à un petit nombre d'intellectuels et d'hommes politiques qui se donnent ainsi une bonne conscience antifasciste quelques décennies après la mort de Hitler.

R. D. — Ces transitions de phase ne vont jamais sans conflit. Aux États-Unis, le 21 juin 1990, la Chambre des représentants a repoussé un projet d'amendement de la Constitution qui aurait interdit la profanation du drapeau américain, au nom de la liberté d'expression garantie par la Constitution. Cela veut dire que la Charte de 1787 a été jugée plus sacrée encore que la bannière étoilée – pour laquelle beaucoup d'Américains ont versé le sang.

J. B. — Là, il s'agit d'autre chose. Vous voyez tout en termes de sacré ou de profane, mais c'est faire fi du fait qu'il existe des arguments *rationnels* en faveur de la liberté d'expression. Il est heureux que les représentants américains les aient adoptés, mais je ne vois pas là un affrontement entre deux sacrés. Et je doute fort que les arguments donnés en faveur de la liberté d'expression par l'American Civil Liberties Union fassent appel au sang versé. Essayons d'être concrets. Quel est votre sacré ou le mien ? Imaginons que vous l'identifiiez et que vous l'expliquiez au pape. À supposer que ça l'intéresse, il vous répondra sans doute que vous êtes un mécréant et que vous n'entendez rien au « véritable » sacré.

R. D. — Et il aura raison car il n'y a pas de sacré en soi, et n'importe quoi peut être investi de sacralité. Un chêne, une montagne, Verdun, la Shoah, la Constitution des États-Unis, un bout de tissu, etc. Même l'opposition sacré/profane n'est pas universelle. Ce n'est pas parce que nous disons « le » sacré qu'il existe quelque part un substantif absolu, une substance mystérieuse et inaltérable qui se dévoilerait un beau jour à certains privilégiés, prophètes et illuminés. Il n'y a pas de sacré en soi, d'accord avec vous, mais il y a, c'est ma conviction, un rapport social de consécration – invariant transhistorique – inhérent à toute société organisée. Toujours quelque chose ou quelqu'un d'« intouchable », « inviolable », interdit de manipulation technique ou de discussion critique. Tel serait, dans ma conception, l'invariant sur lequel s'édifient les religions positives, ou bien civiles.

J. B. — Mon pauvre esprit de scientifique borné a du mal à vous suivre : si « n'importe quoi » peut être investi de sacralité, alors celle-ci m'apparaît précisément comme étant une « substance mystérieuse », même si vous la baptisez rapport social. Cette façon de procéder vous permet d'occulter les changements et de faire comme si la religion à Paris, où vous vivez et où elle est en chute libre, était la même qu'à Karachi. Mais ce n'est pas le cas et je ne suis pas d'accord qu'on a remplacé une religion par une autre ; la religiosité diffuse, à la carte, qui domine aujourd'hui – il y a quelque chose, mais personne ne sait quoi – et encore moins les symboles de l'État républicain – dont tout le monde ou presque se moque éperdument – ne jouent pas un rôle comparable à la religion, en termes de structuration de l'existence.

R. D. — D'où une déstructuration parfois amusante, souvent inquiétante.

J. B. — Pourquoi inquiétante et non réjouissante ? Si, comme vous le soutenez, la structuration, c'est la religion et le territoire, y compris « le délire, le pathos, le fantasme, ou l'argument d'autorité » alors, moins il y en a, mieux ça vaut. Mais comme je ne prétends pas comprendre en profondeur l'origine du phénomène religieux, je ne prétends pas non plus comprendre les raisons de son recul.

Progrès et régressions

R. D. — Cette modestie fort louable ne devrait pas nous empêcher de chercher. En raccordant des domaines apparemment opposés. Par exemple, l'homogénéisation techno-économico-financière et les fragmentations communautaires en cours. Comme si l'unification technique du globe suscitait l'éclatement d'identités supposées révolues dans la poursuite fantasmatique d'une surenchère traditionaliste. Ce sont les ingénieurs et les technos, dans le monde musulman comme dans le monde hindou, qui font les meilleurs cadres intégristes, dont les recrues se trouvent dans les banlieues, plutôt que dans les campagnes. C'est chez les délocalisés que s'impose la relocalisation. Quand l'identité s'effrite sous les coups de boutoir de l'économie, elle se retrouve, se refabrique ailleurs et autrement. La fabrication des traditions est une donnée bien connue des historiens. On en invente de plus en plus. Et plus on les blesse, plus elles se rebiffent.

J. B. — Mais il y a des traditions qui disparaissent et des gens qui, par millions, se sont révoltés contre les traditions, religieuses ou féodales, dans lesquelles ils ont été élevés.

R. D. — Prenez la mesure, sur un demi-siècle, de la mutation. Comparez, au lendemain de la Seconde Guerre mondiale, l'ambition politique de fonder des États sécularisés, voire athées, et le sidérant, l'effarant recul des laïcités dans le monde.

J. B. — Il y a des mutations dans l'autre sens ; la Belgique, l'Italie, l'Espagne, le Canada francophone ; j'ai dû sourire en lisant dans un journal, lors d'un voyage au Québec, qu'on n'y souhaite plus « Joyeux Noël », mais « Joyeuses fêtes », afin d'éviter toute discrimination.

R. D. — Va pour la Belle Province. Mais si on avait dit alors à Nehru qu'un jour l'Inde serait submergée par le safran de l'hindouisme ; si on avait dit alors à Mao qu'un jour le comité central du PCC serait humilié au centre de Pékin par une étrange secte alliant gymnastique et *new age*, le Falungong ; si on avait dit alors à Ben Gourion que les partis des hommes en noir donneraient un jour le ton à la Knesset ; si on avait dit alors à Nasser... Bref, le vaste monde n'a pas lu les bons auteurs. Le vaste monde est apparemment à contresens du club très sélect que forment entre eux Français, Belges, Québécois, plus quelques Européens. À contre-courant des 10 % de l'humanité, qui prétendent dire la vérité pour des 90 % restants. Mais quiconque voyage en Afrique, en Asie, en Amérique latine, y compris aux États-Unis, en dehors du petit monde enchanté des soi-disant libres-penseurs, qui ont deux cents ans de retard, sait que notre vision est de type municipal, ou plutôt cantonal. Que l'identité communiste, internationaliste, libérale ou nationaliste se découvre comme un *melting-pot* mythiquement carencé, et les femmes – comme en Turquie, le deuxième et seul pays de laïcité constitutionnelle après la France – se mettent à porter le voile. Et ce ne sont pas, ou pas seulement les analphabètes, les demeurées, qui, parmi elles, le portent. En France, les écoles privées juives, très confessionnelles même lorsqu'elles sont sous contrat, voient gonfler leurs effectifs, et les parents immigrés musulmans sont beaucoup moins traditionalistes que leurs enfants, pourtant plus instruits qu'ils ne le sont eux-mêmes. Comment expliquez-vous cela ?

J. B. — Je suis heureux d'entendre qu'il ne faut pas mépriser les identités et j'espère que la règle vaut aussi pour les libres-penseurs, qui sont les seuls apparemment à avoir deux siècles de retard, contrairement aux hindouistes et aux autres. Plus sérieusement, on peut enrichir la liste des « si on avait dit » : si on avait dit aux aristocrates et au clergé français en 1779 ou aux aristocrates et au clergé russes en 1907 ce qui allait leur arriver dix ans plus tard. Si on avait dit à de Gaulle et à Nixon en 1958 qu'ils verraient Mai 68 et Woodstock. Si on avait dit aux colons français en Algérie en 1952 que dix ans plus tard leur règne serait terminé. Si on avait dit en 1963 à Kennedy ce que le Viêt-nam allait coûter aux États-Unis en 1973. Si on avait dit aux apologistes du marché libre en 1989 que la contestation altermondialiste allait éclater en 1999 à Seattle, au sein même du paradis capitaliste... Bref, il n'y a pas que les laïques et les rationalistes idiots qui sont incapables de prévoir l'avenir. Le désaccord entre nous porte sur les explications, non sur les faits, que tout le monde connaît.

R. D. — Est-ce si sûr ? En 1983, l'excellent Marcel Gauchet publie *Le Désenchantement du monde* où le mot « islam » n'apparaît pas une seule fois ! Bon travail, mais qui présuppose que le monde, c'est ce qui s'étend de la Seine à l'Oder-Neisse. Et que le reste n'a pas valeur probante.

J. B. — N'étant pas Marcel Gauchet, je ne peux répondre pour lui. Ce que je vous reproche, c'est de n'accorder, pour autant que je puisse voir, aucune importance dans vos analyses aux rapports de force entre hommes, nations ou classes. On est dans un monde enchanté où les idées se promènent toutes seules, mis à part l'impact qu'ont sur elles les facteurs techniques de leur diffusion. Mais ce qui faisait l'intérêt et la vérité partielle du marxisme, c'était justement l'attention aux rapports de domination économiques et militaires et aux effets idéologiques que cela pouvait avoir. Ces facteurs étaient loin d'expliquer autant de choses que ne le pensaient les marxistes, mais ce n'est pas pour cela qu'il faut les ignorer complètement. Surtout si on veut changer le cours des choses.

R. D. — Nous sommes au moins d'accord, cette fois, sur le désaccord. J'établis le diagnostic, je ne prévois pas de thérapeutique. La fin de ce que Voegelin appelait les religions séculières, de l'investissement millénariste de l'Histoire, fondé sur un certain culte de la Science comme ayant la solution de tous les maux, a engendré une immense désillusion. Et comme l'être collectif fonctionne à crédit, il fait retour de l'ersatz à l'original, c'est-à-dire aux sources instituées, appuyées sur des rituels, des célébrations, des calendriers, des pratiques sociales avérées. La désorientation, la perte de repère, la désappartenance suscitées par la mondialisation, se revanchent comme elles peuvent, avec les moyens du bord.

J. B. — Je connais le cliché de la Science comme solution de tous les maux, mais je ne sais pas très bien qui cela vise. Sûrement pas les communistes, qui mettaient la lutte des classes et l'action politique au centre de tout. Par ailleurs, lorsque vous parlez de mondialisation, vous retombez sur des rapports de force.

R. D. — Ce n'est pas faux, mais cet affolement des traditions a suscité chez les scientifiques eux-mêmes un ancrage compensatoire dans des traditions souvent obscurantistes.

J. B. — Lesquelles ?

R. D. — J'avais été frappé, dans les années 1970, en parcourant le monde arabo-musulman, du fait que les fondamentalistes, les intégristes, se recrutaient essentiellement dans les facultés des sciences et des techniques. Il en allait ainsi au Caire, à Tunis, à Alger, à Damas. Et c'était dans les facultés de lettres, d'histoire, de sciences humaines et de théologie que les progressistes se trouvaient. Comme à fronts renversés. Dès que l'on rencontrait un littéraire, il était rationaliste. Ce chassé-croisé s'est vérifié depuis. On le sait, les cadres des partis intégristes sont passés par le MIT, Harvard et autres grands instituts voués au performant et à l'exact, de même que les informaticiens de Bombay votent en masse pour le BJP hindouiste.

J. B. — Il faudrait confirmer ces impressions par des chiffres, mais admettons, pour continuer la discussion, que ce soit vrai, que la plupart des textes fondamentalistes aient été rédigés par des ingénieurs ayant tourné à l'intégrisme. Cela pourrait s'expliquer par le fait que l'enseignement de la technologie peut se faire en insistant sur « ce qui marche » et en omettant ainsi ce qui est subversif dans la démarche scientifique par rapport à la religion, à savoir la notion de vérité et la nécessité de tester empiriquement ses opinions. Néanmoins, parmi les scientifiques, le degré de croyance religieuse est remarquablement faible, quel que soit leur pays. Le physicien américain Steven Weinberg, qui a écrit certaines des pages les plus justes sur la religion depuis *Pourquoi je ne suis pas chrétien* de Russell, fait observer que « la plupart des physiciens actuels s'intéressent si peu à la religion qu'ils ne sont même pas des athées militants[35] ».

R. D. — Ce qui abonde dans mon sens. Cette résurgence primitive, identitaire, peut apparaître en contradiction avec le progrès des connaissances et l'uniformisation de la technique, mais elle me semble plutôt un corollaire direct de cette uniformisation de surface.

J. B. — Non, on peut appliquer les connaissances scientifiques sans nécessairement adopter une attitude scientifique par rapport au savoir humain.

De l'Internationale aux nations

R. D. — Si la pensée scientifique pouvait gouverner le monde, tout irait pour le mieux. La première a fait des pas de géant, le second reste divisé en clans, maffias, bandes, sectes, communautés, territoires. On n'a jamais tant voulu se démarquer les uns des autres que depuis qu'une même Toile nous réunit. Les religions, avant de représenter un système de codes, construisent des systèmes d'entraide. L'axe de démarcation est sacralisant par définition. Et lorsque la clôture ne se déroule plus sur le sol, elle advient dans le dogme. On en arrive à reterritorialiser par le Coran, la Torah, le turban, sans besoin de regroupement physique.

J. B. — Vous expliquez toujours que vous êtes personnellement rationaliste et internationaliste, et que, malheureusement, le reste du monde ne lit pas les bons auteurs. Mais si vous demandiez au terme de quel processus des gens éclairés comme vous sont devenus possibles, et même relativement fréquents en France, vous seriez peut-être moins convaincu du fait que ce processus ne peut pas s'universaliser. En effet, vous prenez souvent vos exemples de permanence ou de retour du sacré en Union soviétique ou dans le tiers-monde. Mais chez nous, le processus d'émancipation de la religion a pris des siècles ; lorsque Descartes tente de prouver rationnellement l'existence de Dieu, il met sans le vouloir le ver dans le fruit, mais c'est au XVIIᵉ siècle. Quand on proclame la mort de Dieu au XIXᵉ siècle, on ne pense sans doute pas aux habitants des campagnes. En fait, dans une bonne partie de l'Europe, la déchristianisation de masse est un phénomène relativement récent. Tout cela s'est fait avec des retours en arrière, comme la Restauration en France. Il faut avoir une perspective historique sur ces choses, il n'y a pas qu'un invariant – le religieux ou la territorialité – qui expliquerait tout.

R. D. — S'il n'y avait en effet que les invariants, on s'ennuierait fort. L'être humain serait exempté d'histoire, de géographie et d'ethnologie. Ces trois biais sont intéressants en ceci qu'ils font miroiter les invariants à travers toutes sortes de bizarreries captivantes. D'où notre curiosité pour le diorama des cultures. Pour le reste, je vous le concède, cette idée de territoire n'est pas particulièrement gaie. Elle est même confondante, par tout ce qu'elle implique d'intolérance, d'hystérie sécuritaire et de conflits. Je ne vous demande pas d'y applaudir mais de l'enregistrer.

J. B. — J'enregistre les faits que vous mentionnez, mais je voudrais en signaler d'autres ; l'existence de réseaux de solidarité avec les sans-papiers montre que la « territorialité » n'est pas incontournable, de même que l'existence de l'athéisme montre que la religion n'est pas inévitable. De plus, il faut souligner que les échanges et les rencontres, à terme, en favorisant une meilleure connaissance de l'autre, apaisent les tensions. C'est une chose de dire des absurdités sur les Noirs, les Juifs, ou les Arabes en leur absence, une autre de les avoir en face de soi. Finalement, dans un monde où la moitié de la population doit se débrouiller avec un ou deux dollars par jour, où 80 % des richesses vont aux 20 % les plus riches et les 20 % restants aux autres, où la majorité vivait sous le joug colonial ou féodal il y seulement quelques décennies, je ne suis pas particulièrement étonné de constater que la religion continue à servir d'auréole à cette vallée de larmes qu'est la Terre. Mais, de nouveau, cela dépend de rapports de force et de niveau de vie.

R. D. — Bien sûr, le dénuement, la maladie, la pénurie accroissent le besoin d'exorcisme et de « docteurs-feuilles ». Mais les sorciers noirs se portent aussi fort bien boulevard des Batignolles, et le Texas blanc et riche regorge de prophètes et de sectes. Précisons bien. Quand je parle de politique, j'entends le mode de constitution et de perpétuation des agrégats humains durables et non pas la préparation des cantonales. Ensuite, le complexe d'Œdipe ne signifie pas qu'il faille obligatoirement coucher avec sa mère et tuer son père. Il indique une propension assez générale, qu'il vaut mieux connaître pour lui éviter de trop tourner mal. L'appétence au territoire physique ou mental appelle des contrepoids, des vigilances, des correctifs. Mieux vaut savoir qu'il y a là une donnée que de s'imaginer qu'en chantant *L'Internationale* on fera du passé table rase. Ce qui n'enlève rien à la grandeur morale des congrès et défilés socialistes qui réunissaient Anglais, Italiens, Allemands et Français en 1914. Nier l'existence des virus n'est pas la meilleure façon de sauver sa peau.

J. B. — Selon votre habitude, vous passez d'un domaine relativement connu, la maladie, à un domaine relativement inconnu, le territoire. En histoire, il y a des avancées et des régressions, ce qui ne veut pas dire qu'il n'y a pas de progrès sur le long terme. Vous montrez sans arrêt votre désillusion par rapport à un certain internationalisme qui existait dans le mouvement socialiste ou communiste. Mais qui ignore cela aujourd'hui ?

R. D. — Le fait est patent, son explication ne l'est pas du tout. Et, d'ailleurs, quelle Internationale n'a-t-elle pas reflété ou transcrit un rapport de forces nationales ? Laissez-moi être plus précis. J'étais et demeure internationaliste, mais le retour un peu partout des comportements nationalitaires ou identitaires – je ne les confonds pas – heurte mes humeurs ou penchants personnels – plutôt cosmopolites – et politiques – plutôt copain-copain. Mais vous conviendrez que l'expérience des quatre Internationales ouvrières du siècle dernier n'est pas des plus concluantes.

J. B. — Il y a eu, hier, des Français qui « portaient les valises » du FLN pendant la guerre d'Algérie. Il y a aujourd'hui des soldats israéliens qui refusent de servir dans les territoires occupés. L'objection de conscience, marginale et démonisée au départ, est devenue banale, au moins dans nos pays. Je ne suis pas d'accord pour dire que la Commune de Paris qui, comme le disait joliment Marx dans *La Guerre civile en France*, « a admis tous les étrangers à l'honneur de mourir pour une cause immortelle », ou la guerre d'Espagne, ou la lutte internationale contre le fascisme, ou le mouvement altermondialiste aujourd'hui et les millions de gens qui partout dans le monde ont manifesté contre la guerre en Irak, c'est analogue à la « préparation des cantonales ». Votre façon métaphysique de penser le religieux et le territoire vous rend imperceptibles les progrès, surtout lorsqu'ils sont en développement ou qu'ils ont lieu sur le long terme. Lorsqu'on analyse les échecs concernant par exemple la laïcité ou l'internationalisme, il faut toujours prendre en compte les rapports de force et les rapports de pouvoir. Sinon on arrive rapidement à la conclusion que rien ne peut changer, et qu'il ne reste qu'à blâmer la nature humaine condamnée aux ténèbres pour l'éternité. Néanmoins, l'esclavage, s'il n'a pas disparu, a régressé. Le despotisme aussi.

Quelle Europe ?

R. D. — Vous oubliez que le pessimisme peut être actif et, doublé d'une mémoire, s'accompagner d'actions progressistes. Je me réjouis autant que vous des gains de conscience dont vous parlez. Mais un homme averti en vaut deux, alors que le passage du rêve à la réalité débouche souvent sur le cynisme froid. Le chemin inverse est plus prometteur. J'ai tenté jadis, dans un livre intitulé *La Puissance et les rêves*, de montrer que les postulats de politique étrangère des socialistes, à savoir la sécurité collective, l'arbitrage international et le désarmement, les piliers de l'idéalisme de gauche, ceux de la Société des Nations et du système dit « des Nations unies », étaient des pilotis fort peu fiables. Bâtis sur du sable. Je faisais observer que le supernationalisme américain n'en ferait qu'une bouchée et que l'Europe supranationale, à force d'humilier les États, se retrouverait avec des terroirs d'Ancien Régime. Quatre ans plus tard, la notion de terroir devenait administrative. À partir d'une notion apparemment abstraite, la territorialité, vous pouvez discriminer le consistant de l'inconsistant. Prédire revient le plus souvent à contredire les utopies mobilisatrices, en désespérant tantôt Billancourt, tantôt Saint-Germain-des-Prés. Apprendre à distinguer entre le souhaitable et le possible rend en tout cas impossible une carrière politique. Tant mieux.

J. B. — Vous oubliez encore une fois les rapports de force. Par exemple, l'idée de l'Europe des régions existe depuis très longtemps et est encouragée par l'Allemagne et les États-Unis. Mais cela fait partie d'une politique classique de diviser pour régner.

R. D. — Tous les empires en ont besoin, il est vrai. L'Europe des régions dont on rêve à Bruxelles ne sera évidemment pas une Europe-puissance. Les États-Unis poussent donc à la roue. Soyez sûr qu'ils ne voient que des avantages à l'indépendance de la Corse, puis de la Savoie et de la Bretagne.

J. B. — De même, en cherchant à l'instrumentaliser, ce sont essentiellement les grandes puissances qui empêchent l'ONU de remplir son rôle. Mais je ne suis pas convaincu que l'ONU ne pourrait pas fonctionner.

R. D. — Le fait est qu'elle a le choix entre obéir à l'Empire ou être mise de côté. Si elle peut servir la Rome du moment, tant mieux pour elle. Si elle lui fait obstacle, Rome s'en passe. Point final.

J. B. — Mais l'Empire n'est ni éternel ni tout-puissant. Regardez ce qu'il est advenu des empires européens ; qui aurait prédit leur effondrement il y a un siècle ? Par ailleurs, il me semble que si l'Allemagne et la France étaient aujourd'hui avec des troupes sur le pied de guerre des deux côtés de la frontière, en train de s'observer avec hostilité, vous m'expliqueriez que c'est un effet de la territorialité. Or ce n'est pas le cas. Non seulement les armées ne se font pas face, mais encore l'on traverse aujourd'hui cette frontière comme si elle n'existait pas. Quand on voit ce que les conflits entre la France, l'Angleterre et l'Allemagne ont coûté au monde, on ne peut nier qu'il s'agit là d'un grand progrès. En fait, si on regarde le mouvement historique sur le long terme, on constate un recul de la frontière et un élargissement du territoire. Ce mouvement court, me semble-t-il, depuis la tribu primitive jusqu'à la société moderne. En ce sens, il y a bien là un progrès du genre humain et personne ne peut dire où il s'arrêtera.

R. D. — C'est un constat, je le crains, unilatéral. En général, lorsqu'un mur tombe, un autre s'élève. Le Nord/Sud vient remplacer l'Est/Ouest. Quant aux frontières, vous savez qu'il y avait à peu près cinquante États en 1945, il y en a cent quatre-vingts aujourd'hui. Toutes les nations, toutes les ethnies veulent se doter d'un État. L'autodétermination des peuples, cela a son prix. Pour l'Union européenne, l'élargissement que vous louez signifie très sûrement sa déliquescence en zone de libre-échange. Le sans-frontière est une valeur de riches. Demandez aux Palestiniens, vous verrez s'ils n'en veulent pas. Pour rester en Europe, et prendre un exemple qui vous est plus que proche, puisque vous vivez à Louvain, il me semble que Wallons et Flamands, en Belgique, cherchent plutôt à se fuir qu'à se fondre. Même les couvents dominicains ont dû se scinder selon les langues d'origine !

J. B. — Mais la frontière Nord/Sud n'est pas une invention récente. En fait, cette frontière, ou plutôt ce conflit, qui dure depuis le début de l'ère coloniale, et qui porte non seulement sur les matières premières, mais aussi sur l'exploitation de la main-d'œuvre, là-bas et ici, et, aujourd'hui, même sur les transferts de matière grise, est le plus fondamental qui soit si on veut comprendre le monde ; et le conflit israélo-palestinien est un chapitre parmi d'autres de ce conflit global. Pour l'Europe, je ne voulais pas louer l'élargissement tel qu'il est fait, simplement constater l'existence de la paix. Pour ce qui est de la Belgique, il ne faut pas oublier qu'elle a été fondée sur un petit oubli : en Flandre, le peuple ne parlait pas la langue de la classe dominante. La séparation dont vous parlez est donc indirectement liée aux progrès de la démocratie et il faut noter qu'elle se fait sans provoquer de morts. Mais récusez-vous le fait qu'en Europe au moins on assiste à une sécularisation ?

Les croyances de la sécularisation

R. D. — C'est une évidence, qui a du bon et du moins bon. Au plan des rapports de force, et au vu du dynamisme théologique des Nord-Américains sur la scène mondiale, ce n'est pas précisément un tigre dans notre moteur. Après deux conflits mondiaux imputables au vieux continent, notre agnosticisme pacifié, notre scepticisme cauteleux représente peut-être, pour nous, une façon aimable de prendre congé de l'histoire, en passant le relais à Washington pour les choses sérieuses.

J. B. — Restons-en à la religion. La sécularisation a eu lieu dans nos pays et elle continue. La foi, la religion, l'Église ne cessent d'y régresser. Le monde serait plus simple pour vous si nous étions enfermés de toute éternité dans le délire religieux et si nous ne pouvions pas en sortir. Le fait que l'on a pu en sortir, à un certain moment de l'histoire, sur un continent qui contient quand même des centaines de millions de gens, voilà un phénomène qui est porteur d'espoir, et qui est nouveau à l'échelle de l'histoire de l'humanité. On ne peut pas prédire ce que sera, mettons, l'Indonésie dans deux siècles.

R. D. — Ni la Belgique, d'ailleurs.

J. B. — Oui, mais il y a une différence ; lorsque les sociétés traditionnelles se mettent à changer, elles ne reviennent pas définitivement en arrière. Il y a des hauts et des bas, comme la Restauration, mais sur le long terme le changement se fait bien dans une direction donnée. Même les États-Unis, dont la religiosité m'étonne souvent, ne sont pas religieux au sens où le serait une société féodale. Leon Kass, qui est conseiller de Bush pour la bioéthique, s'en plaint d'ailleurs lorsqu'il constate que, si la grande majorité des Américains croit en Dieu, « il est pour peu d'entre nous un Dieu devant lequel on tremble par peur du jugement[36] ». Mais il est vrai que c'est en Europe que le changement est le plus manifeste.

R. D. — L'Europe ex-chrétienne connaît en effet une désinstitutionnalisation du croire, un décrochage par rapport au cadre normatif des Églises établies, un reflux des magistères centraux. Mais la croyance, ou le besoin d'appartenance, qui peut se contenter de rituels de démarcation, ne se dissipent pas avec leurs armatures historiques provisoires. Elle se fait plus éclectique, volatile, capricieuse. Il est frappant de voir que les jeunes, notamment, croient en une vie après la mort, en proportion égale à ceux qui, il y a cinquante ans, croyaient en l'existence de Dieu. Quitte à confondre résurrection des morts et réincarnation. Mais, pour beaucoup, l'au-delà, le surnaturel, continue autrement. On assiste, semble-t-il, à un phénomène de vases communicants entre des religions peu ou prou fossilisées et des para-religions d'importation ou d'improvisation. Et l'Italie laïque se demande si elle doit remettre les crucifix dans les salles de classe.

J. B. — Je ne nie pas que nous vivons une époque de réaction, mais je ne suis pas convaincu qu'elle va continuer éternellement ni que tout ce qui s'est passé ici depuis les Lumières n'est qu'une parenthèse passagère dans l'histoire.

Invocatio Dei

R. D. — Dans l'Antiquité païenne tardive, il s'est produit une démythologisation analogue des rites. Beaucoup de traits de la période hellénistique, que symbolise le *melting-pot* de Rome ou d'Alexandrie au début de

l'ère chrétienne, évoquent la situation spirituelle
d'aujourd'hui – l'éclectisme, l'érotisme, le retour aux
sources orientales, la perte des traditions de référence et
la multiplication des substituts dans une religiosité flot-
tante, avec l'essor des cultes mystériques. Y compris
dans notre continent désarmé et vieillissant, avec son
annexe québécoise, notre grosse Suisse, où la laïcité,
hélas, bat de l'aile. Car il y a un bémol.

J. B. — Lequel ? Celui des tendances que vous décrivez ?

R. D. — Pas seulement. Il y a aussi, chez les politiques,
le besoin de réancrage d'entités politiques de plus en
plus flottantes. Dans les textes communautaires, les références religieuses tendent à s'accroître et à se multiplier
alors que les pratiques religieuses baissent. En 1947, les
démocrates-chrétiens qui ont fondé l'Europe se sont
abstenus de faire référence à la mémoire chrétienne du
continent – même si le drapeau européen est l'invention
d'un jésuite belge qui a emprunté le bleu azur au culte
marial. Mais les Adenauer, les Schuman, les Gasperi
refusaient toute définition religieuse de l'identité.
Aujourd'hui, cinquante ans après, le thème refait florès.
En 2002, à Frascati, en Italie, les représentants du Parti
populaire européen, qui a la majorité à l'assemblée de
Strasbourg, ont voté à la quasi-unanimité – sauf les
Français – une motion demandant qu'une *Invocatio Dei*
figure en toutes lettres dans le préambule de la future
Constitution européenne. Était-ce pensable en 1952 ?
Donc, même dans ce microcosme prétendument désen-
chanté, ou peut-être *parce que* le désenchantement y a
atteint une cote d'alerte, la logique de vertébration du
collectif exige derechef une référence verticale.

J. B. — D'abord, en 1952, les choses étaient plus claires : les démocrates-chrétiens savaient ce que « chrétien » voulait dire et ils avaient en face d'eux des adversaires qui savaient aussi qu'ils devaient se défendre. Par conséquent, les chrétiens étaient forcés à une certaine prudence, au moins tactique. Aujourd'hui, on ne sait plus ce que chrétien veut dire et certains partis évitent le terme pour ne pas perdre de voix : en Belgique, le Parti catholique d'avant-guerre est devenu le Parti social chrétien, avant de se transformer en Centre démocrate et humaniste, dénomination qui ne mange pas de pain. D'autre part, les laïques, se sentant rassurés et en position de force, semblent souvent animés par un respect infini de la religion, que je trouve absurde, mais qui est sans doute lié au fait que si l'on critique le christianisme, on risque de critiquer aussi la religion des Hopis et cela passe pour n'être pas politiquement correct, ce qui est tout aussi absurde. Le résultat, c'est que l'invocation de Dieu est plus facilement acceptée, parce qu'elle n'est plus prise au sérieux par personne, ou presque. Par ailleurs, cette invocation dans le cadre européen n'est-elle pas liée au *lobbying* du Vatican ?

R. D. — L'affaire est plus complexe. J'ai entendu des membres de la curie, non le Saint-Père personnellement, émettre de très fortes réserves sur ce genre de bataille. Mais c'est préoccupant. Le judéo-christianisme est d'évidence inscrit dans notre histoire, mais il serait dangereux d'en faire une norme de référence ou l'axe magnétique de la boussole européenne.

J. B. — Là-dessus, au moins, nous sommes d'accord.

L'Amérique et Dieu

R. D. — Aux États-Unis d'Amérique du Nord, patrie de quasi toutes les avancées scientifiques, 2 % des personnes se déclarent athées et 87 % se reconnaissent dans les deux cent vingt dénominations religieuses ayant pignon sur rue. Vous m'objecterez que les choses vont s'améliorer. Reste que l'investissement de la Providence dans la décision politique est le fait marquant, à rebours des prédictions des années 1950. Lors des dernières élections, les deux candidats à la présidence des États-Unis, Al Gore et George W. Bush se déclaraient tous les deux *christian born again* dans leurs spots électoraux. Quarante ans plus tôt, Kennedy disait que ses croyances religieuses – en l'occurrence catholiques – ne regardaient que lui. Les petits pays vont payer cher le *revival* religieux du nouveau peuple élu.

J. B. — N'oubliez pas que Kennedy disait cela pour se défendre face au sectarisme protestant, qui existait déjà à l'époque. Quant à l'évolution récente, elle est politique...

R. D. — Oui, sur fond religieux. *Stars and Stripes*, main sur le cœur, et *In God we trust*. C'est pourtant un pays qu'on s'accorde à mettre en pointe de la modernité.

J. B. — Qui s'y accorde ? Cela dépend de l'idée que l'on a de la modernité. Comme je l'ai déjà dit, on peut très bien faire des prouesses techniques (encore qu'il y en ait aussi en France) et ignorer l'aspect subversif de la démarche scientifique. Il me semble que la différence entre la France et les États-Unis illustre l'importance de la critique rationnelle de la religion, que vous avez tendance à dédaigner. Si personne n'avait jamais dit : « Écoutez, toute cette histoire ne tient pas debout, vos arguments en faveur de l'existence de Dieu sont de mauvais raisonnements et vos récits bibliques de simples légendes », comment voulez-vous que les gens en soient devenus convaincus ? Bien sûr, il n'y a pas que cela qui explique l'affaiblissement de la religion ; il y a certainement d'autres facteurs, sociaux, économiques. Mais si vous pensez à la différence entre nous et les États-Unis, je suggérerais que la faiblesse outre-Atlantique d'une tradition laïque et antireligieuse comme il en a existé en France, à la fois dans la bourgeoisie et dans le mouvement ouvrier, est responsable du fait que ce pays est tellement arriéré du point de vue religieux.

R. D. — Arriéré ? Cela suppose une ligne d'évolution à sens unique qui était celle du Progrès en 1880. Vous oubliez que le fondamentalisme, protestant en l'occurrence, pourrait être *devant* nous. Le passage de l'ombre à la lumière, façon Jules Verne, c'est fini. Trois fois hélas, les magnifiques ingénieurs qui ont mis un homme sur la Lune tirent leur politique des Écritures saintes. Et la *Bible Belt* remonte du *deep South* à la Maison Blanche.

J. B. — Jules Verne, c'est fini ! Heureusement que vous êtes capable de simplifier le complexe. Je veux bien admettre que les fondamentalistes sont forts, entre autres parce qu'ils sont bien financés, mais toute l'Amérique ne se réduit pas à cela. On ne me fera pas croire que Clinton était très pieux et il a quand même été élu, et sa femme pourrait l'être. On ne peut pas faire comme si les fondamentalistes avaient gagné la partie pour les siècles des siècles et étaient devenus *notre* avenir.

R. D. — Dieu est une forme symbolique que vous pouvez considérer, si cela vous chante, comme un ectoplasme exsangue. Mais la question est de savoir pourquoi les mêmes conflits qui empruntaient le langage progressiste, sécularisé, socialisé de la Révolution recourent désormais à celui du messianisme d'il y a trois mille ans. Pourquoi l'honneur de Dieu en Pologne a pu renverser les hommes de fer. Pourquoi les notions à nos yeux surannées de guerre sainte, d'infidèle, d'apostasie et de mandat prophétique ont, dans les islams, des effets ravageurs. Comment la rhétorique de l'empire du mal et du camp du bien, dans un monde qui a toujours des méchants mais qui a perdu ses bons, peut nourrir un nouveau colonialisme.

J. B. — D'abord, une façon simple d'avoir raison, c'est de présenter la position adverse comme tellement extrême qu'elle en devient absurde : où ai-je dit ou pensé que Dieu comme forme symbolique est un ectoplasme exsangue ? Ensuite, la rhétorique du bien et du mal est inhérente à toutes les guerres. Pour le reste, on ne peut pas analyser le changement de langage dont vous parlez sans prendre en compte l'échec relatif des tentatives de développement de type laïque ou socialiste dans le tiers-monde. Mais cet échec n'est pas dû seulement à des causes internes, et encore moins à l'action de formes symboliques détachées des rapports de force. L'histoire de l'après-guerre peut être vue comme le remplacement du système colonial par le néocolonialisme et le déplacement du centre du système impérial de l'Europe vers les États-Unis. Cela ne s'est pas fait grâce à l'action du Saint-Esprit, mais par un grand nombre de coups, de pressions, d'interventions militaires, de guerres même, que vous connaissez très bien.

R. D. — Vous avez une conception des forces comme exclusivement physiques et matérielles tout à fait digne du XIXe siècle.

J. B. — Merci – me voilà au moins sorti du XVIIIe siècle.

Figures du Djihad

R. D. — Force économique, force militaire, force politique, c'est acquis. Or certaines formes sont devenues des forces. Les événements, dont l'accumulation a provoqué l'écroulement du communisme, n'étaient inscrits ni dans la rubrique scientifique ni à la chronique politique du journal mais aux pages idées et religions. Un pape polonais est élu à Rome ; Ronald Reagan investit le bureau ovale et, à Téhéran, Khomeyni consacre la révolution islamique. Arrêtez-vous une seconde sur le spectaculaire renversement des rapports de force à l'intérieur du monde musulman : les nationalistes laïcs d'Orient ayant été défaits par les laïcs mondialistes d'Occident, tout à coup naît une forme inconnue qui s'appelle l'islam politique ; soit le passage du flambeau de l'arabisme à l'islamisme, ou des nassériens aux ayatollahs.

J. B. — Pour ce qui est des problèmes du communisme, ils étaient multiples – il n'y a pas que la Pologne et il n'y a pas que la religion. Les changements en Chine n'ont rien à voir avec le pape. Dans le cas du monde musulman on ne peut pas ignorer le soutien ouvert, institutionnel, financier, de Washington et de ses alliés, l'Arabie Saoudite en tête, en faveur des fondamentalistes. De la même façon qu'on ne peut analyser la progression des sectes protestantes en Amérique latine sans tenir compte du fait que ces sectes sont massivement soutenues par l'argent venant des États-Unis. De plus, l'Islam politique existe depuis longtemps – il était faible, mais il existait. Et il ne faut jamais oublier que, dans de nombreux pays où le pouvoir était laïc, l'immense majorité de la population était profondément religieuse ; donc la religion n'est pas sortie du vide et je ne suis pas vraiment étonné qu'un pouvoir, surtout autocratique, n'arrive pas à faire partager ses vues par le peuple. Mais même s'il faut reconnaître qu'aujourd'hui les laïques sont dans une position de faiblesse en bien des endroits, qui vous dit que cela ne changera pas demain ?

R. D. — Désolé. L'Afghanistan a, qu'on le veuille ou non, été une mobilisation sacrée. Des volontaires venus de toutes les parties du monde musulman s'y sont rassemblés pour mener une guerre sainte. Guerre que l'Amérique a entendu chevaucher, qu'elle a alimentée, bien entendu. Et que, dans sa vision bornée des choses, elle est persuadée d'avoir gagnée. Ben Laden est là pour lui rappeler qui a été réellement victorieux. « Ce n'est pas vous, c'est nous, dit-il. Vous nous avez donné l'argent, les armes, mais les morts sont les nôtres. » Évidemment, vu de l'Empire, ces fous de Dieu qui allaient se jeter sous les chenilles des chars soviétiques, ce n'était pas sérieux. Or tout dépend de ce que l'on entend par sérieux, tout dépend de ce qui est réel ou non. Le 11 Septembre, la campagne d'Afghanistan, celle d'Irak, les réactions terroristes en chaîne, tout cela provient d'une seule et même question : qui a libéré l'Afghanistan des Soviétiques ? L'Occident, bêtement, a cru que c'était lui.

J. B. — Il n'y a pas que la religion : il y a le pétrole, l'embargo contre l'Irak, la Palestine.

R. D. — De quelque façon qu'on le considère, vous ne laissez donc aucune place à l'Islam.

J. B. — On est incapable de déterminer cette place ; évidemment que l'Islam, comme d'autres croyances, donne à des gens le courage de se battre et de mourir. Mais ayant une « conception des forces exclusivement physiques et matérielles », j'insiste simplement sur le fait qu'il y a tant de facteurs qui s'entremêlent dans l'évolution historique qu'il est impossible d'identifier le rôle joué par l'Islam en tant que tel, à supposer que ce mot ait un sens précis ; de plus, malgré les apparences, je ne suis pas convaincu qu'il y a quelque chose d'intrinsèque à l'Islam qui l'empêcherait d'évoluer comme l'a fait le christianisme, vers un discours dans lequel les dogmes ne doivent plus être pris à la lettre, deviennent même de simples métaphores et où l'on s'en va répétant que le « véritable christianisme » est, sur des points importants, l'exact opposé de ce qu'ont soutenu les croyants pendant des siècles. Tous les textes religieux sont susceptibles d'interprétations multiples. Mais évidemment, cela ne se fera pas à court terme.

Scepticisme ou pessimisme

R. D. — Il arrive donc que votre optimisme soit découragé par le poids du réel. C'est un raisonnement d'une belle circularité que de blâmer les laïcs pour l'existence des religieux. La victoire du progrès ne serait que partie remise, question de délai. Et surtout de détermination. Il me semble qu'il y a deux façons de rater le coche et qui ne recoupent pas exactement votre distinction entre révolutionnaires et réactionnaires. L'attitude libertaire, très naturelle chez les scientifiques, et c'est votre cas, consistant à croire qu'on peut construire ou reconstruire le collectif à partir d'un bon raisonnement ou des vertus intellectuelles qu'on peut attendre d'un individu bien éduqué. L'attitude totalitaire, naturelle chez les *leaders* de masse, consistant à exiger de l'individu qu'il prenne modèle sur le collectif, et à faire des contraintes implicites de ce dernier les valeurs explicites du premier.

J. B. — D'abord, je ne blâme pas les laïcs pour l'existence des religieux ; vous-même, et là je suis d'accord, avez fait remarquer que les laïcs en Occident ont contribué par leur politique, disons impérialiste, au recul des laïcs dans le monde musulman et ailleurs. Plus fondamentalement, il me semble que, malgré toutes les assertions postmodernes sur la fin des certitudes et des grands récits, nous n'avons pas réellement adopté le sain scepticisme auquel une attitude scientifique devrait mener. On est simplement passé d'un dogmatisme optimiste à un dogmatisme pessimiste, et d'un matérialisme historique naïf à un idéalisme historique tout aussi naïf.

Avant, tout pouvait changer, maintenant, tout restera pareil. Avant, c'était l'économie qui faisait bouger les choses, maintenant ce sont les idées. Voyez la façon dont se sont transformés la plupart des marxistes. Les uns ont trouvé une nouvelle foi – le marché, l'Occident, la guerre humanitaire. Les autres ont adopté une forme ou une autre de pessimisme postmoderne. Il me semble qu'ils se sont simplement trompés une première fois quand ils étaient marxistes et une seconde fois lorsqu'ils ont cessé de l'être.

R. D. — Vous avez mille fois raison. C'est toutefois l'écume idéologique. Avançons plutôt. Les libertaires ou les individualistes ne font pas assez de dialectique. Les totalitaires ou les organicistes en font trop. Permettez-moi d'en faire un peu, c'est-à-dire de distinguer les ordres, sans attendre de miracles d'aucun d'eux, mais en craignant le pire de leur confusion.

J. B. — Je veux bien distinguer les ordres.

R. D. — Ma vision peu amène du règne collectif ne m'arrange pas du tout. Cependant une vérité qui nous arrange trop a peu de chance d'en être une, n'est-ce pas ? C'est une tentation naturelle que de fonder nos opinions sur nos désirs, mais notre connaissance des choses n'aurait pas été bien loin si on y cédait tout le temps. Si je ne nie pas un certain goût de déplaire, je m'efforce de n'en point trop faire système et, dans tous les cas, ne peux me départir d'une méfiance instinctive à ce qui comble les attentes du moment. Dans les années 1960 et 1970, l'attente était de gauche. Elle l'est toujours, me direz-vous, l'homme de droite étant celui qui n'attend

rien de mieux de l'avenir qu'un passé peu ou prou
reconduit. Gide, dans son *Voyage en URSS*, qui n'a pas
pris une ride, et lui valut de se brouiller avec tout ce qui
comptait ou à peu près dans l'intelligentsia d'alors, avait
parfaitement saisi cette loi du contretemps. Que ma philosophie n'ait pas rencontré le moindre écho dans l'air
du temps devrait vous prévenir en sa faveur. Je n'attends
aucune revanche du futur, mais il me semble que des
vues comme les miennes, rendues moins indigestes, plus
« lisibles » et *up to date*, finiront bien par retenir l'attention de quelques observateurs. Et qui sait, aider à refon-
der, autrement, le politique.

J. B. — Sans sombrer, comme beaucoup d'ex-marxistes,
dans le postmodernisme pur, vous vous laissez trop
impressionner par les sophismes réactionnaires qui
dominent notre temps. Comme je l'ai mentionné plus
haut, des surprises historiques, il y en a dans tous les
sens. Et, jusqu'à présent, les jeunes engagés dans le mouvement altermondialiste ne me semblent pas répéter les
erreurs dogmatiques des mouvements politiques radi-
caux antérieurs. Ce qui suscite chez moi un optimisme
modéré.

R. D. — Vive cette modération. L'optimisme révolutionnaire vieillit mal, voyez autour de vous. Un peu de
« sophismes réactionnaires », comme vous dites, pourrait tirer d'un mal un bien. Il me semble que limiter
sagement le niveau d'expectative, dans le domaine politique, n'est pas une mauvaise façon d'éviter les palino-
dies, les enthousiasmes renversés et tout aussi aveugles,
les ralliements rancuniers au pôle opposé. Vous connais-

sez comme moi les maoïstes ultras qui attendaient l'homme nouveau au coin de la rue, et d'autres millénaristes qui s'imaginaient la fin de la domination de l'homme sur l'homme au bout du fusil, et qui se retrouvent aujourd'hui en *yeshiva* ou conseillers spéciaux du patronat. Mieux vaut moins mais mieux. Y compris pour les anarchistes.

J. B. — Bon, venons-en à l'anarchisme.

Visions de la Cité

R. D. — Savez-vous que j'en ai connu quelques-uns en Amérique latine, de ces austères anarcho-syndicalistes, ascétiques et altruistes, véritables apôtres qui semblaient tout droit sortis de l'imagerie évangélique ?

J. B. — Je n'aime pas me battre sur le sens des mots et donc je n'insisterai pas pour me définir comme véritablement anarchiste par rapport à d'autres définitions possibles. Il est vrai que je ne me retrouve guère dans l'ascétisme ni d'ailleurs dans ce que vous appelez les « textes fétiches de l'anti-institution », même si certains d'entre eux ont joué un rôle positif à un moment donné de l'histoire. Si je devais définir ma vision de l'anarchisme, je pourrais reprendre une phrase simple d'une femme ayant combattu en Espagne lors de la guerre civile : « Je suis anarchiste ; je n'aime ni donner ni recevoir des ordres. » La définition suivante, de Noam Chomsky, est plus précise : « L'anarchisme est cette tendance, présente dans toute l'histoire de la pensée et de l'agir humains, qui nous incite à vouloir identifier les structures coercitives, autoritaires et hiérarchiques de toutes sortes pour les examiner et mettre à l'épreuve leur légitimité ; lorsqu'il arrive que ces structures ne peuvent se justifier – ce qui est le plus souvent le cas – l'anarchisme nous porte à chercher à les éliminer[37]. » En ce qui me concerne, je vois l'anarchisme, sur le plan des idées au moins, comme une forme d'athéisme généralisé. La mise en question de la croyance en Dieu amène celle du pouvoir basé sur cette croyance ; de là on passe facilement à la mise en question des autres justifications invoquées par divers pouvoirs, comme la Patrie ou, selon les circonstances, la Démocratie, la Science ou le Progrès.

R. D. — Ce sera à votre tour de pardonner ma franchise. L'idée d'une « société entièrement libre », sans hiérarchie et sans coercition, me paraît, sous l'angle scientifique des possibles – si par libre on entend complètement égalitaire, sans confiscation de surplus, sans échelle de salaires, sans interdit – une blague, un trompe-l'œil. C'est bien pourquoi la lutte pour plus de justice est on ne peut plus nécessaire. L'un n'empêche pas l'autre. Mon vieux prof de philo, Muglioni, m'a appris que la vérité était une chose, la morale une autre. Et que, dans tout penseur sérieux, il y a un démoralisateur. Donc un homme sans public. Parce que le réalisme, vous en conviendrez, n'a pas de marché – beaucoup moins en tout cas que le boy-scoutisme. L'utopie comme la religion sont là pour fournir les hommes en imbécillités toniques ou en « messages d'espérance » ; pas les philosophies, qui ont juste à comprendre ce qui est, et non à faire miroiter un énième attrape-gogo. Si je publiais, comme nos donneurs de sérénade, un petit traité dou-ceâtre sur le bonheur, un *vade-mecum* sur l'amour qui sauve, une répudiation définitive du Mal absolu qu'est la guerre, ou un programme en cinq points pour une société de fond en comble rénovée, ce serait un possible *best-seller*, mais la trahison du clerc garantie. Nous ne sommes ni des prêtres ni des chamans, n'est-ce pas ? C'est d'ailleurs bien regrettable pour notre standing.

J. B. — Ce que vous dites illustre combien il est impor-tant de définir l'anarchisme comme une tendance et non en termes d'un idéal, tel qu'une société « complètement égalitaire, sans confiscation de surplus, sans échelle de salaires, sans interdit ». En effet, d'une part, en se fixant de tels buts, on est sûr d'aller de déception en déception. Ensuite, lorsque l'espace de la liberté s'étend, de nouvelles exigences apparaissent. Le salariat peut être l'idéal de l'esclave, mais peut passer pour un esclavage aux yeux du salarié. Ceux qui vivent dans une dictature peuvent idéa-liser la démocratie formelle, mais les limites de celle-ci deviennent de plus en plus évidentes. En outre, je constate qu'il y a en nous une aspiration irrépressible à la liberté. On peut contraindre les gens par la force, les endoctri-ner, mais il arrive un moment où ils cessent d'accepter en leur for intérieur leur soumission. C'est vrai pour les esclaves, comme pour les femmes, les peuples colonisés, ou les homosexuels. Pourquoi les Palestiniens conti-nuent-ils à se battre, alors que tout ce qu'il y a de plus puissant dans le monde est coalisé contre eux ? On ne peut pas prédire en détail l'avenir du monde, mais on peut être sûr que, quelle que soit la forme d'oppression, les oppresseurs ne jouiront jamais d'une paix perpétuelle.

R. D. — Certes. Mais c'est peut-être là notre ultime différence de fond. Je n'attends de l'avenir, au plan collectif, rien de substantiellement différent du passé. Il y a un noyau dogmatique dans la structuration des collectifs, dû à l'arbitraire inévitable de la référence au principe constitutif (le point de transcendance) avec lequel on peut et l'on doit ruser sans espérer l'abolir un jour. C'est ce que j'appelle l'inconscient politique, aussi immobile, intraitable et atemporel que l'autre. D'un point de vue pratique, l'avenir est ouvert, dites-vous. J'aimerais pouvoir vous suivre, mais je préfère le savoir d'avance « sous plafond » pour ne pas devenir un cynique vindicatif après l'écroulement de mes rêves.

J. B. — Un écrit relativement peu connu de l'anarchiste Kropotkine est consacré à une défense de l'attitude scientifique, qu'il considère comme révolutionnaire, contre la métaphysique[38]. L'illusion que vous avez d'avoir trouvé une explication profonde des croyances ou des ensembles sociaux est un effet de votre façon métaphysique de penser ; mais c'est cela qui vous mène à des conclusions politiques que vous dites regretter et à rejoindre, à votre corps défendant, le chœur des nantis qui s'en vont répétant que rien ne peut changer, surtout pour les opprimés.

R. D. — Je ne crois pas m'abandonner à cette métaphysique d'occasion. Mais en politique, s'agissant du pire, on ne peut rien exclure. Pinochet et Pétain peuvent revenir demain. Vues du XIXe siècle, les barbaries du XXe siècle étaient impensables. C'est plutôt un motif pour avoir l'œil aux aguets.

J. B. — Bien sûr, on ne peut rien exclure, sinon l'avenir serait plus prévisible qu'il ne l'est. On ne peut pas non plus exclure le progrès. D'ailleurs, pour l'exclure, il ne suffit pas de mentionner des tragédies, aussi horribles soient-elles, mais de montrer que des régressions sont inévitables, éternelles, et qu'elles remontent arbitrairement loin dans le passé ; par exemple, que l'on retournera à l'esclavage ou à la tribu primitive et cela *ad vitam aeternam*. Pour ce qui est du XIXᵉ siècle, l'impensé de son idéologie du progrès continu, c'étaient les bombes à retardement constituées par le colonialisme et les rivalités interimpérialistes qui ont explosé en 1914. On place peut-être d'autres bombes à retardement aujourd'hui en Afghanistan ou en Irak, avec en prime une rivalité États-Unis/Europe.

R. D. — Ce qui demeure est le conflit. J'en tiens là-dessus pour une bonne dose d'inexorable.

J. B. — Je sais.

R. D. — Ce qui fait deux façons, très différentes, d'être de gauche.

J. B. — C'est le moins que l'on puisse dire. Mais, comme je l'ai souligné, je ne veux pas me battre sur le sens des mots. Les anarchistes comme mouvement politique n'ont peut-être pas obtenu de grands succès, mais les idées de liberté et d'autonomie pour lesquelles ils se sont battus ont progressé. Pensons au monde tel qu'il était, mettons aux environs de 1900. Des centaines de millions d'hommes et de femmes vivant sous le joug colonial européen. Des millions de jeunes se préparant à s'entre-tuer au nom de patries dans le gouvernement desquelles ils n'avaient pas grand-chose à dire. La majorité des femmes ne pouvant ni voter ni avorter. Pas ou peu de syndicats ou de protection sociale. Les enfants régulièrement battus à l'école et dans la famille. Des relations personnelles et sexuelles dominées par la rigidité et l'hypocrisie. Et, comme auréole de cette vallée de larmes, le poids de la religion. Tout cela a changé, pas partout, bien sûr, et moins que je ne le souhaite, mais qui nierait le changement, c'est-à-dire le progrès ?

R. D. — Je ne le nie pas, mais vous invite à le penser autrement. Votre remarque selon laquelle je me laisserais gagner par l'air du temps me fait un peu rigoler. Que le temps soit au pessimisme dandy, découragé et décourageant, que nous vivions un peu partout un reflux de laïcité à l'échelle mondiale, c'est l'évidence. L'après-communisme a des allures aussi saumâtres, dans le néolibéral, que jadis l'après-jacobinisme, dans le néo-monarchique. Après le rose fané, la revanche des hommes en noir ? D'accord pour la prémisse. Mais, personnellement, je n'ai pas attendu le reflux pour cultiver le « pessimisme », comme vous dites. Le mien remonte à 1968 – j'étais en taule. Il a cristallisé en 1981 – à l'orée d'une ère « nouvelle » où nous allions, n'est-ce pas, changer la vie, sur ce bouquin totalement inconnu dont quelques lignes vous ont chagriné, Sokal et vous. Et dont j'assume de plus en plus la conclusion ; à savoir qu'il y a du non-maîtrisable qui détermine par en dessous, de façon anhistorique, répétitive et tristounette, nos modes d'organisation collective ; qu'il y a impossibilité à ne pas croire, le savoir ne suffisant pas pour composer un ensemble social stable ; et qu'il y a donc, au sens très large, de l'incomplétude. Car nous n'avons guère de prise sur ces gestes fondamentaux, ces stéréotypes pratiques, inhérents à l'édification de communautés dès lors qu'elles doivent être stables et durables. Rien de bien folichon, je l'avoue. Mais cela ne m'a pas empêché de pousser à la roue de l'espérance. Je ne sais plus qui disait – Fitzgerald ? – qu'il faut s'habituer à vivre avec deux idées contradictoires au fond de soi, l'une, que rien n'est possible, et l'autre, qu'il faut tout faire pour que quelque chose le soit.

J. B. — Je mentionnais certains progrès ; mais là où ils sont les moins évidents, c'est sur le plan de la lutte contre la concentration du pouvoir économique, contre ces tyrannies privées que sont les multinationales et les groupes financiers. Mais cela, justement, a été le terrain privilégié du marxisme – dans sa version sociale-démocrate ou communiste –, c'est-à-dire de la prise du pouvoir et de la transformation par en haut, avec toutes les ambiguïtés et tous les compromis que cela comporte. Les résultats sont loin d'être aussi désastreux que ne le veut la vulgate aujourd'hui dominante, surtout comparé à ce que fait le capitalisme réel. Mais cela a quand même mené à un échec. Je ne prétends pas avoir de solution à ce problème, et sûrement pas en quelques mots, mais j'observe que les anarchistes ont longtemps mis en garde le reste du mouvement socialiste contre les illusions de l'étatisme. Et que les progrès que je mentionnais ont été en grande partie le résultat d'une transformation progressive des mentalités. Ce qui montre que la lutte sur le plan des idées n'est pas vaine.

ÉPILOGUE

Une poignée de main

RÉGIS DEBRAY — Au moment de nous quitter, l'impression me vient, pour prendre la métaphore parlementaire, que nous serons trop à droite pour les esprits « de gauche » et trop à gauche pour les esprits « de droite ». C'est une position inconfortable, où nous nous retrouvons politiquement l'un et l'autre, à partir de prémisses différentes, comme dans cette affaire du Kosovo où vous avez montré une prémonition certaine, puisque l'ingérence humanitaire sans mandat onusien préparait à la guerre préventive impériale. Comme on passe du protectorat à la colonie. Mais j'arrête ici la comparaison car la science et la philosophie, par chance, outrepassent les courtes raisons du champ politique.

JEAN BRICMONT — Votre courage dans l'affaire m'a d'autant plus impressionné que le délirant lynchage médiatique que vous avez subi m'a scandalisé. Cela dit, un des inconvénients des armées, c'est que, lorsqu'elles sortent des casernes, elles ont tendance à avancer jusqu'à ce qu'elles soient vaincues. Chaque victoire, peu importe que la guerre soit justifiée par l'humanitaire ou par le christianisme, appelle une nouvelle offensive. Jusqu'à ce que l'on rencontre Stalingrad, Diên Biên Phu ou l'offensive du Tet.

R. D. — Je suis moins scandalisé que vous par le caractère « irrationnel » du lynchage social. Ces délires me semblent dans la norme, leur norme. Et même si les médias et les sophistes gouvernent – rien de très nouveau sur ce chapitre depuis Platon – la vérité ne se met pas encore aux voix. Heureusement. Puisque j'ai cité Leibniz, j'aurais bien envie de faire mienne, sans vergogne, l'une de ses merveilleuses formules qui disent beaucoup avec des mots très simples. « Ma philosophie est fondée sur deux dictons aussi vulgaires que celui du théâtre italien, que *c'est ailleurs tout comme ici*, et cet autre du Tasse, *che per variar natura è bella*, qui paraissent se contrarier, mais qu'il faut concilier en entendant l'un du fond des choses, l'autre des manières et de l'apparence. » Car Leibniz ajoutait, ce qui a son importance : « On pourrait dire que c'est tout comme ici partout et toujours, aux degrés de grandeur et de perfection près. » Comme chaque degré de l'échelle peut se mesurer en millions de morts, le jeu de l'invariant et des variations doit être, convenons-en, encouragé d'assez près.

J. B. — Je ne vous répondrai pas par une citation de plus, mais en vous invitant à envisager favorablement l'attitude intellectuelle que je défends – quoique relativement rare dans le paysage français : banale sur le plan philosophique, radicale cependant sur le plan politique. Sur le plan philosophique, la pensée critique en France a souvent été caractérisée par des positions extravagantes, au moins aux yeux de la tradition issue des Lumières : en vrac, dialectique de la nature, historicisme extrême, puis postmodernisme, rejet de la vérité et de l'objectivité, relativisme, négation radicale de l'homme, du sujet, de l'auteur, du progrès. Althusser, Foucault, Deleuze, vous-même à certains moments et bien d'autres relèvent de cette approche. Mais on peut être réaliste et objectiviste, méthodologiquement empiriste, entièrement naturaliste dans l'approche de l'être humain et considérer qu'un regard objectif sur le monde tel qu'il est, avec ses immenses injustices, ses rapports de force démesurés, ses mensonges institutionnalisés, nous amène à des conclusions radicales sur la nécessité de le changer. Et qu'une analyse de l'histoire et de l'être humain nous montre que cet espoir n'est pas vain.

R. D. — Ces mots le confirment à leur façon. Quels que soient nos efforts d'explications, il me semble qu'on ne se convaincra jamais car nous appartenons à deux familles d'esprit, chacun avec sa généalogie et ses habitudes. Pourtant, il n'est pas vain de vouloir faire entrer un peu d'air de chacune dans l'autre. Question d'hygiène. Dans le milieu académique, ça sent le renfermé. On gagne toujours à transgresser la loi du milieu, dont l'article premier stipule : « On ne parle pas avec ces gens-là. »

J. B. — Vous dites que nous ne nous convaincrons jamais car nous appartenons à deux familles d'esprit différentes. Peut-être, mais vous ne me rangez pas toujours dans la bonne famille. Je ne pense pas qu'il suffise d'opposer des idées claires au monde obscur des mythes ou des sentiments. Mais si ceux qu'on appelle les intellectuels encourageaient les idées claires, dénonçaient les mythes et mettaient les sentiments à leur juste place, ils justifieraient peut-être un peu mieux qu'ils ne le font d'habitude l'immense et rare privilège dont ils bénéficient.

R. D. — Chacun regagnera sa galaxie. Avec moins de présomption, espérons-le. Et donc, recevez, cher Jean Bricmont, une intersidérale poignée de main.

J. B. — Tout en ne vous souhaitant, cher Régis Debray, ni Dieu ni maître.

NOTES

1

Le débat et la logique

1. Bertrand Russell, *ABC de la relativité*, Paris, 10/18, 1997.
2. Voir Alan Sokal, Jean Bricmont, *Impostures intellectuelles*, Paris, Odile Jacob, 1997 ; 2ᵉ édition revue, Paris, Le livre de Poche, 1999, chapitre XI pour une discussion plus approfondie.
3. Régis Debray, *Critique de la raison politique*, Paris, Gallimard, 1981.
4. Régis Debray, « L'incomplétude, logique du religieux ? », *Bulletin de la Société française de philosophie*, **90**, 1-35 (séance du 27 janvier 1996).
5. Bruno Latour, « Ramsès II est-il mort de la tuberculose ? », *La Recherche*, **307** (mars 1998), 84-85. Voir aussi les errata **308** (avril 1998), 85 et **309** (mai 1998), 7.

2

La rationalité et la science

6. David Hume, *Enquête sur l'entendement humain*, Paris, GF-Flammarion, 1983 [1748].
7. Michel Bakounine, *L'Internationale et Karl Marx*. Voir Noam Chomsky, *Réflexions sur le langage*, Paris, Flammarion, 1981, p. 163, pour une discussion de ce thème.

8. Jean Bricmont, « Science et religion : l'irréductible antagonisme », *in Où va Dieu ?*, numéro de la *Revue de l'Université de Bruxelles*, 1999/1, Bruxelles, Complexe, 2000. Et Jean Bricmont, « Comment peut-on être "positiviste" ? », *in* Francis Martens (éd.), *Psychanalyse, que reste-t-il de nous amours ?*, *Revue de l'Université de Bruxelles*, 1999/2, Bruxelles, Complexe, 2000. Les deux articles sont disponibles sur http://dogma.free.fr/fr-index.php.

9. Alfred J. Ayer, « Le Cercle de Vienne », *in Le Cercle de Vienne. Doctrines et controverses*, textes réunis par Jan Sebestik et Antonia Soulez, Paris, L'Harmattan, 2001, p. 80.

10. Élisabeth Roudinesco, *Pourquoi la psychanalyse ?*, Paris, Fayard, 1999, p. 71.

11. Bertrand Russell, *Histoire de la philosophie occidentale*, Paris, Gallimard, 1952, p. 848 [Titre original : *History of Western Philosophy*, Londres, Routledge, 1991 (1re édition, 1946)].

12. Bertrand Russell, *L'Histoire des idées au XIXe siècle. Liberté et organisation*, Paris, Gallimard, 1951 (Titre original : *Freedom and organization : 1814-1914*, London, Allen and Unwin, 1934).

13. L'expression se trouve dans John Tooby, Leda Cosmides, « The psychological foundations of culture », *in* Jerome H. Barkow, Leda Cosmides, John Tooby (éds.), *The Adapted Mind. Evolutionary Psychology and the Generation of Culture*, Oxford, Oxford University Press, 1992, p. 19-135. Elle est discutée dans Steven Pinker, *Comment fonctionne l'esprit*, Paris, Odile Jacob, 2000.

14. Voir, par exemple, Steven Pinker, *op. cit.*, et Steven Pinker, *The Blank Slate. The Modern Denial of Human Nature*, New York, Viking, 2002. Traduction française à paraître chez Odile Jacob.

15. Voir par exemple Matt Ridley, *Génome : Autobiographie de l'espèce humaine en vingt-trois chapitres*, Paris, Robert Laffont, 2001, pour une fascinante introduction à certaines de ces découvertes.

16. Voir Steven Pinker, *op. cit.*, p. 111.

17. Peter Singer, *Une gauche darwinienne : politique, évolution et coopération*, Paris, Cassini, 2002.

18. Voir Noam Chomsky, *Réflexions sur le langage*, Paris, Flammarion, 1981. Dans cet ouvrage, Chomsky discute soigneusement les conséquences politiques, supposées progressistes, de l'environnementalisme et celles supposées réactionnaires, de l'innéisme.

19. Voir Noam Chomsky, *op. cit.*, p. 158, et *Gromsci dans le texte*, Paris, Éditions sociales, 1975.

20. Voir Louis Althusser, *Philosophie et philosophie spontanée des savants* (1967), Paris, Maspero, 1974, appendice sur Jacques Monod. Et Jacques Monod, *Le Hasard et la Nécessité*, Paris, Seuil, 1971.

3

La connaissance et l'histoire

21. « De la nature humaine : justice contre pouvoir », débat télévisé entre Noam Chomsky et Michel Foucault à Eindhoven (Pays-Bas), novembre 1971, in Michel Foucault, *Dits et écrits*, volume I, Paris, Gallimard, 1994.
22. Voir, par exemple, le chapitre V de Keith Windschuttle, *The Killing of History*, Paddington (Australie), Macleay Press, 1996, pour une critique détaillée des assertions historiques de Foucault.
23. *Le Monde*, 22 mai 2001.
24. Pour ne pas dire plus ; à ce sujet, voir Jacques Bénesteau, *Mensonges freudiens, histoire d'une désinformation séculaire*, Sprimont (Belgique), Mardaga, 2002.
25. La correspondance entre Albert Einstein et Sigmund Freud (1931-1932) est disponible en anglais sur : http://www.cis.vt.edu/modernworld/d/einstein.html et dans Otto Nathan Heinz Norden (éds.), *Einstein on Peace*, New York, Schocken Books, 1960, p. 186-203.
26. Voir Régis Debray, *Introduction à la médiologie*, Paris, Presses universitaires de France, 2000, p. 74 et 81.
27. Pour un bon exemple de telles analyses, voir Noam Chomsky, Edward Herman, *La Fabrique de l'opinion publique, la politique économique des médias américains*, Paris, Le Serpent à Plumes, 2003.
28. Bertrand Russell, *op. cit.*, p. 815.
29. Jean-François Revel, *Pourquoi des philosophes, et autres essais*, Paris, Robert Laffont, 1997, et Jean-François Revel, *Histoire de la philosophie occidentale*, Paris, Nil Éditions, 1994.
30. Pour un texte de l'époque sur ce mythe, voir Tom Gervasi, *The Myth of Soviet Military Supremacy*, New York, Harper and Row, 1986.

4

Le religieux et le politique

31. Au XIXe siècle, le conflit était pris au sérieux par les sceptiques ; voir par exemple Francis Galton, « Statistical Enquiries into the Efficacy of Prayers », *The Fortnightly Review*, n° 12, août 1872, p. 125-135.
32. Bertrand Russell, *La Pratique et la théorie du bolchevisme*, Paris, Mercure de France, 1969. [Paris, Éditions de la Sirène, 1921], [*The Practice and Theory of Bolshevism*, Londres, George Allen and Unwin, 1949 (1920)].
33. *Le Monde*, 17 avril 2003 ; *La Raison*, n° 482, juin 2003.
34. Noam Chomsky, « His right to say it », *The Nation*, 28 février 1981, disponible sur <www.zmag.org/chomsky/articles/8102-right-to-say.html>.

35. Steven Weinberg, *Le Rêve d'une théorie ultime*, Paris, Odile Jacob, 1997. Voir le chapitre XI et p. 228.

36. Leon Kass, « The end of courtship », *Public Interest*, **126**, hiver 1997.

37. Norman Baillargeon, *L'Ordre moins le pouvoir. Histoire et actualité de l'anarchisme*, Marseille, Agone, 2001.

38. Pierre Kropotkine, *La Science moderne et l'anarchie*, Paris, Stock, 1913.

BIBLIOGRAPHIE
SÉLECTIVE ET COMMENTÉE
PAR JEAN BRICMONT

Me référant au cours de ce dialogue à des courants d'idées souvent peu ou mal connus en France, il m'a semblé utile de donner une courte bibliographie raisonnée, nécessairement partielle et partiale, mais qui permettra au lecteur qui le désire d'approfondir certaines pistes.

Althusser et Monod

Sur l'épistémologie d'Althusser, on peut lire :

Louis ALTHUSSER, « Du "Capital" à la philosophie de Marx », *in* Louis Althusser, Étienne Balibar, *Lire Le Capital*, I, Paris, Maspero, 1968.

Grâce à une rhétorique séduisante mêlée à un certain nombre d'observations correctes sur l'idéalisme, Althusser arrive à défendre une approche « scientifique » du marxisme où, en fait, la question de tests empiriques qui permettrait de voir qu'on a bien affaire à une science est complètement évacuée. Une des astuces rhétoriques consiste à assimiler l'empirisme et la philosophie des Lumières à une forme d'idéalisme. Le fait qu'un tel discours ait pu être tenu à cette époque (1965) et qu'il ait eu une influence certaine sur la formation des normaliens illustre la « coupure » entre philosophes et scientifiques en France. Cette démarche amène rapidement à une attitude scolastique vis-à-vis de « textes » ayant un caractère implicitement sacré. Pour illustrer cela, voir :

Louis ALTHUSSER, « Freud et Lacan », *in Positions*, Paris, Éditions sociales, 1976, et dans *Écrits sur la psychanalyse : Freud et Lacan*, Paris, Stock/IMEC.

Pour le débat avec Monod, la leçon inaugurale de celui-ci au Collège de France est critiquée par Althusser dans l'appendice de :

Louis ALTHUSSER, *Philosophie et philosophie spontanée des savants* (1967), Paris, Maspero, 1974.

Althusser amalgame de nouveau le « matérialisme mécaniste » à l'idéalisme, en particulier en reprochant à Monod de donner une « base biophysiologique » à « l'existence sociale et historique de l'espèce humaine », ce qui est une des nombreuses tentatives pour découpler l'étude de la société et la biologie. Monod répond brièvement à ces critiques dans :

Jacques MONOD, *Le Hasard et la Nécessité*, Paris, Seuil, 1971,

en particulier page 52 où il explique pourquoi la biologie moderne « relève du "matérialisme vulgaire", mécaniciste, et par conséquent "objectivement idéaliste", ainsi que l'a noté M. Althusser ». Il explique aussi (p. 150) pourquoi les conceptions innéistes de Chomsky sur le langage, qui « [ont] scandalisé certains philosophes et anthropologistes », ne le choquent nullement, « à condition d'en accepter le contenu biologique intrinsèque ».

Philosophie

Au début du XXᵉ siècle est né, en Autriche, en Allemagne et en Angleterre, un courant philosophique, le positivisme logique, visant à éliminer la « métaphysique » et à rendre la philosophie scientifique. La plupart de ces philosophes ont dû émigrer dans les années 1930, entre autres aux États-Unis. Leur influence a donné lieu à la philosophie analytique qui, même si ses ambitions sont moins radicales que celles des fondateurs, garde un style et s'occupe de problèmes très différents de ce qui caractérise la philosophie « continentale », dominante en France.

Certains textes importants concernant ce courant sont rassemblés dans :

Le Cercle de Vienne. Doctrines et controverses, textes réunis par Jan SEBESTIK et Antonia SOULEZ, Paris, L'Harmattan, 2001.

Et en anglais dans :
Alfred J. AYER (éd.), *Logical Positivism*, New York, The Free Press, 1959.

Une vision assez subjective de l'histoire de la philosophie, d'un point de vue « positiviste », est donnée par :
Bertrand RUSSELL, *Histoire de la philosophie occidentale*, Paris, Gallimard, 1952. [Titre original : *History of Western Philosophy*, Londres, Routledge, 1991 (1ʳᵉ édition, 1946).]

Et, pour la période plus récente :
Alfred J. AYER, *Philosophy in the Twentieth Century*, Londres, Unwin Paperbacks, 1984.

Les positivistes se sont souvent élevés contre ce qu'ils considéraient comme étant mystificateur dans les tendances idéalistes en philosophie. Un bon exemple, très polémique, de ce genre de réaction est donné par :
David STOVE, *The Plato Cult and other Philosophical Follies*, Oxford, Blackwell, 1991.

Une excellente et amusante introduction en français, ayant la forme d'un dialogue (imaginaire) entre un philosophe de tendance analytique et un autre, de tendance continentale, est due à :
Pascal ENGEL, *La Dispute. Une introduction à la philosophie analytique*, Paris, Minuit, 1997.

Voir aussi :
Précis de philosophie analytique, ouvrage collectif sous la direction de Pascal Engel, Paris, PUF, 2000.

Pour une introduction à la philosophie des sciences de tendance analytique (par opposition à l'approche historique qui est dominante en France), voir :
Anouk BARBEROUSSE, Max KISTLER, Pascal LUDWIG, *La Philosophie des sciences au XXᵉ siècle*, Paris, Flammarion, 2000.

Finalement, l'ouvrage suivant discute en détail l'idée de limitations intrinsèques (ultimement biologiques) de l'esprit humain, face en particulier à certains problèmes philosophiques :

Colin MCGINN, *Problems in Philosophy. The Limits of Inquiry*, Oxford, Blackwell, 1993.

Théorème de Gödel
(pour en finir une fois pour toutes avec les abus du)

Le paradoxe dit « du menteur » est relativement connu : quelqu'un dit « je mens », ou, pour être plus précis, « la phrase que je prononce à l'instant est fausse ». Alors, si la phrase en question est vraie, comme elle dit d'elle-même qu'elle est fausse, elle est fausse. Mais si elle est fausse, elle doit alors être vraie. On a là un paradoxe. Envisageons maintenant la phrase suivante : « Il n'existe pas de démonstration de la phrase que je prononce à l'instant » (mettons de côté pour l'instant la définition exacte de « démonstration »). S'il existe une démonstration de cette phrase, alors on a démontré quelque chose de faux, c'est-à-dire que notre procédé de démonstration n'est pas valide. Donc, si ce procédé est valide, il ne peut pas exister de démonstration de la phrase en question et par conséquent elle est vraie, puisqu'elle ne dit rien d'autre. Il n'y a pas ici de paradoxe, mais on vient de produire sans effort une phrase indémontrable et néanmoins vraie. Évidemment, tout cela ressemble un peu à un jeu de mots ou à une preuve de l'existence de Dieu. La réaction d'un certain nombre de mathématiciens et de logiciens face à ces paradoxes et à d'autres du même genre a été d'espérer que, si l'on utilisait un langage précis dans lequel une phrase ne peut pas dire quelque chose sur elle-même, ces problèmes disparaîtraient. Le génie de Gödel est d'avoir montré que cet espoir n'est pas fondé. Si l'on possède un procédé « mécanique » pour démontrer des théorèmes, alors il existera toujours une proposition qui « dira » qu'elle n'est pas démontrable par ce procédé et qui, par conséquent, sera vraie, à moins que le procédé en question engendre des propositions fausses, auquel cas il est sans intérêt. L'astuce, mais c'est ici que les choses se compliquent, est d'avoir établi une correspondance entre des phrases comme « je ne suis pas démontrable » et des propriétés des nombres, comme « 49 est divisible par 7 » ou « il existe une infinité de nombres premiers ». Ce qui fait que des propositions de ce type peuvent être vraies quand elles sont vues comme propositions à propos des nombres, tout en affirmant, au moyen de cette correspondance, qu'elles ne sont pas démontrables par le procédé mécanique considéré. Pour en savoir plus, sur ce théorème et sur d'autres résultats en logique, voir par exemple :

Ernest NAGEL, James R. NEWMAN, Kurt GÖDEL et Jean-Yves GIRARD, *Le Théorème de Gödel*, Paris, Seuil, 1989.

Mais ce qui précède devrait suffire à montrer que le théorème concerne l'étude des propriétés de ce qu'on appelle les systèmes formels, c'est-à-dire les « procédés mécaniques » ci-dessus, et n'implique rien en ce qui concerne le monde naturel ou les sociétés humaines. Sur les abus du théorème de Gödel, voir :

Alan SOKAL, Jean BRICMONT, *Impostures intellectuelles*, Paris, Odile Jacob, 1997 ; 2ᵉ édition revue, Paris, Le Livre de poche, 1999, chapitre X ;

Jacques BOUVERESSE, *Prodiges et vertiges de l'analogie. De l'abus des belles lettres dans la pensée*, Paris, Raisons d'agir, 1999.

Constructivisme et postmodernisme

Le constructivisme (des connaissances), comme tous les mots en « -isme », est difficile à définir et sa définition a tendance à être différente selon qu'elle est donnée par un partisan ou par un adversaire de la doctrine en question. L'idée générale est que la connaissance scientifique ne décrit pas simplement la nature telle qu'elle est, mais dépend d'un cadre de référence conceptuel qui est déterminé par la culture ou par la société dans laquelle la science s'élabore. Ce cadre est parfois appelé « paradigme » (chez Kuhn) ou « épistémé » (chez Foucault). Énoncée ainsi, l'idée ne prête peut-être pas réellement à controverse, mais tout dépend de la radicalité avec laquelle elle est défendue : jusqu'à quel point nos connaissances scientifiques sont-elles indépendantes de la réalité « telle qu'elle est » et reflètent-elles seulement l'environnement social ? Dans la mesure où les scientifiques s'efforcent d'être objectifs, ils pensent en général décrire la nature telle qu'elle est, en tout cas autant que possible, et il est évident qu'ils ont tendance à ne pas partager les formes radicales du constructivisme. Après tout, si on adopte une telle forme de constructivisme, on voit mal comment établir une distinction (autre que sociologique) entre science et mythe. Un des premiers livres qui a inspiré ce courant est :

Thomas KUHN, *La Structure des révolutions scientifiques*, Paris, Flammarion, 1983.

Ainsi que :

Paul FEYERABEND, *Contre la méthode. Esquisse d'une théorie anarchiste de la connaissance*, Paris, Seuil, 1979.

Une formulation forte du constructivisme se trouve dans :

Barry BARNES, David BLOOR, John HENRY, *Scientific Knowledge. A Sociological Analysis*, Chicago, The University of Chicago Press, 1996.

Et dans :

Gérard FOUREZ, *La Construction des sciences*, 2ᵉ édition revue, Bruxelles, De Boeck Université, 1992.

Ces ouvrages, leurs thèses et bien d'autres sont discutés de façon critique dans :

David STOVE, *Popper and after : Four Modern Irrationalists*, Oxford, Pergamon Press, 1982, qui critique non seulement Kuhn et Feyerabend mais également le rejet de l'induction chez Popper et Lakatos.

Pour d'autres critiques, voir :

Alan SOKAL, Jean BRICMONT, *Impostures intellectuelles*, Paris, Odile Jacob, 1997 ; 2ᵉ édition revue, Paris, Le Livre de poche, 1999.

Et pour un tour d'horizon de la question :

James Robert BROWN, *Who Rules in Science ? An Opinionated Guide to the Science Wars*, Cambridge (Massachusetts), Harvard University Press, 2001.

Pour des débats regroupant scientifiques, philosophes et sociologues, à propos de la sociologie des sciences, voir :

Jay A. LABINGER et Harry COLLINS (éds.), *The One Culture ?*, Chicago, University of Chicago Press, 2001 ;

Ph. BLANCHARD, M. CARRIER, G. KÜPPERS, J. ROGGENHOFER (éds.), *World and Knowledge*, New York, Springer, à paraître en 2003.

L'approche constructiviste débouche facilement sur le postmodernisme, mot encore plus polysémique que « constructivisme ». Il est utilisé ici pour indiquer un scepticisme radical envers des notions telles que vérité et objectivité. Une bonne critique philosophique du postmodernisme, avec de nombreux exemples de ce discours, est donnée par :

Thomas NAGEL, *The Last Word*, Oxford, Oxford University Press, 1997.

Et, pour un point de vue à la fois polémique et politiquement progressiste, aussi avec plusieurs exemples :

Noam CHOMSKY, « Le vrai visage de la critique postmoderne », Agone : Philosophie, *Critique et Littérature*, **18-19**, (1998) 47-62. [Titre original : « Rationality/Science ». *Z Papers*, Special Issue on Postmodernism and Rationality, 1992-1993. Disponible sur Internet : http://www.zmag.org/zmag/articles/chompomoart.html]

Sciences cognitives, psychologie évolutive, génétique

L'attitude spontanée que la plupart d'entre nous avons vis-à-vis de l'esprit humain est qu'il est fait pour répondre à un certain nombre de besoins biologiques (comme manger) et qu'il dispose de mécanismes généraux d'apprentissage qui permettent à l'individu d'assimiler le contenu de la culture dans laquelle il est né. L'approche cognitiviste part de l'idée que, sans avoir une structure complexe, nécessairement innée, ce qu'on appelle « apprentissage » est impossible. Évidemment, à part le fait que l'inné ici a un support biologique, on trouve ce genre d'idées chez Platon ou Descartes, en opposition aux théories empiristes (Locke et Hume par exemple). Une partie de ces idées vient de l'approche chomskyenne en linguistique, exposée dans :

Noam CHOMSKY, *Réflexions sur le langage*, Paris, Flammarion, 1981 ;

Noam CHOMSKY, *Le Langage et la pensée*, Paris, Payot, 2001 ;

Steven PINKER, *L'Instinct du langage*, Paris, Odile Jacob, 1999.

Voir, pour une confrontation systématique entre deux approches différentes :

Massimo PIATELLI-PALMARINI (éd.), *Théories du langage, théories de l'apprentissage, le débat entre Jean Piaget et Noam Chomsky*, Paris, Seuil, 1979.

Voir aussi :

Pierre JACOB, *Pourquoi les choses ont-elles un sens ?*, Paris, Odile Jacob, 1997.

Cette approche se limite néanmoins à l'étude des mécanismes qui permettent au cerveau de traiter l'information qu'il reçoit, et ne discute pas le comportement humain en tant que tel, c'est-à-dire l'usage fait par le sujet de ces mécanismes. Cette approche s'est étendue de l'étude du langage à d'autres aspects de l'esprit, qui est vu comme contenant un ensemble de « modules », remplissant différentes tâches bien spécifiques. Sur cette notion de module, voir :

Jerry FODOR, *La Modularité de l'esprit*, Paris, Minuit, 1986.

Dans :

Roger-Pol DROIT, Dan SPERBER, *Des idées qui viennent*, Paris, Odile Jacob, 1999,

on trouve un débat entre un philosophe et un anthropologue portant entre autres sur l'attitude naturaliste vis-à-vis de l'esprit.

Une approche cognitiviste de la culture et de la transmission est présentée dans :

Dan SPERBER, *La Contagion des idées. Théorie naturaliste de la culture*, Paris, Odile Jacob, 1996.

Et, pour une analyse de la religion également basée sur les propriétés de l'esprit humain, voir :

Pascal BOYER, *Et l'homme créa les dieux. Comment expliquer la religion*, Paris, Robert Laffont, 2001.

Ces deux derniers ouvrages offrent une approche de la transmission et de la religion très différente de celle de Debray. En particulier, Boyer envisage autrement que lui la relation entre idées religieuses et cohésion du groupe (chapitre VIII).

La théorie moderne de l'évolution est popularisée par exemple dans :

Richard DAWKINS, *L'Horloger aveugle*, Paris, Robert Laffont, 1989 ;

Richard DAWKINS, *Le Gène égoïste*, Paris, Odile Jacob, 1996 ;

Pierre-Henri GOUYON, Jean-Pierre HENRY, Jacques ARNOULD, *Les Avatars du gène, la théorie néodarwinienne de l'évolution*, Paris, Belin, 1997.

Voir aussi :

Richard DAWKINS, *The Extended Phenotype : the Long Reach of the Gene*, Oxford, Oxford University Press, 1999, chapitre II pour une discussion de l'accusation de « déterminisme génétique » souvent adressée aux tenants d'une approche biologique.

L'approche évolutive cherche à caractériser les différentes fonctions mentales en termes d'adaptation darwinienne, ce qui a donné naissance à la sociobiologie et, plus récemment, à la psychologie évolutive. Celle-ci s'intéresse entre autres à la façon dont s'établissent les relations interindividuelles ou aux rapports et aux différences entre les sexes. Ce point de vue est exposé (en même temps que l'approche cognitive) dans :

Steven PINKER, *Comment fonctionne l'esprit*, Paris, Odile Jacob, 2000.

Pinker y critique aussi les approches sociologiques ou psychologiques qui ignorent le fonctionnement biologique de l'esprit, ou en ont une vision simplifiée. Ces critiques sont également développées dans :

John TOOBY, Leda COSMIDES, « The psychological foundations of culture », *in* Jerome H. Barkow, Leda Cosmides, John Tooby (éds.), *The*

Adapted Mind. Evolutionary Psychology and the Generation of Culture, Oxford, Oxford University Press, 1992, p. 19-135.

Et dans :
Steven PINKER, *The Blank Slate. The Modern Denial of Human Nature*, New York, Viking, 2002. À paraître en français chez Odile Jacob.

Pour une critique (un peu technique), d'un point de vue cognitiviste, de la psychologie évolutive et de l'approche ambitieuse que l'on trouve chez Pinker, voir :
Jerry FODOR, *L'Esprit, ça ne marche pas comme ça*, Paris, Odile Jacob, 2003.

D'autres approches font appel plus directement à la génétique ; un aperçu assez passionnant en est donné dans :
Matt RIDLEY, *Génome : Autobiographie de l'espèce humaine en vingt-trois chapitres*, Paris, Robert Laffont, 2001.

Finalement, les études sur les jumeaux ou les frères et sœurs élevés séparément ou sur les enfants adoptifs montrent une influence très faible des parents sur les enfants, en ce qui concerne les résultats de tests de QI ou de personnalité, une fois que le facteur génétique est pris en considération. Voir :
Judith R. HARRIS, *The Nurture Assumption : Why Children Turn out the Way they Do*, New York, Free Press, 1998.

Critiques de la psychanalyse

Pour une bonne analyse de tous les aspects de la psychanalyse, sous un angle critique, voir :
Jacques VAN RILLAER, *Les Illusions de la psychanalyse*, Sprimont (Belgique), Mardaga, 1980.

Pour une critique basée sur une approche philosophique non poppérienne, et qui réfute l'approche « herméneutique » de Habermas et Ricœur, voir :
Adolf GRÜNBAUM, *Les Fondements de la psychanalyse, une critique philosophique*, Paris, Presses universitaires de France, 1996.

Finalement, pour une histoire critique de la psychanalyse, voir :
Jacques BÉNESTEAU, *Mensonges freudiens, histoire d'une désinformation séculaire*, Sprimont (Belgique), Mardaga, 2002.

Religion et science

Pour des critiques de la religion d'un point de vue scientifique, voir : Bertrand RUSSELL, « Pourquoi je ne suis pas chrétien », *in Le Mariage et la Morale*, Paris, 10/18, 1997.

Bertrand RUSSELL, *Science et Religion*, Paris, Gallimard, 1990.

Steven WEINBERG, *Le Rêve d'une théorie ultime*, Paris, Odile Jacob, 1997.

Site donnant les résultats de sondages sur les croyances religieuses aux États-Unis :

http ://www.ropercenter.uconn.edu/

Dans :

Intrusions spiritualistes et impostures intellectuelles en sciences. Ouvrage collectif, sous la direction de Jean Dubessy et Guillaume Lecointre, Paris, Syllepse, 2001, on trouve une série de contributions critiquant diverses tentatives visant à rapprocher science et religion, entre autres dues au Centre de théologie et de sciences naturelles de Berkeley ou à l'Université interdisciplinaire de Paris (UIP), qui n'est pas réellement une université, mais une association qui organise des conférences et édite une revue, *Convergences.*

Histoire et politique

À plusieurs moments, nous abordons indirectement les interventions militaires, en particulier celles des États-Unis. Un ancien fonctionnaire du Département d'État en a fait une analyse assez exhaustive, et le résultat est impressionnant :

William BLUM, *Killing Hope. U.S. Military and CIA Interventions since World War II,* Common Courage Press, Monroe (Maine), 1995. À paraître en français chez Parangon, 2003

Et, en français :
William BLUM, *L'État voyou,* Paris, Parangon, 2001.

On peut lire aussi :
Noam CHOMSKY, *De la guerre comme politique étrangère des États-Unis,* Marseille, Agone, 2002.

Noam CHOMSKY, *L'An 501 : La conquête continue,* Bruxelles/Montréal, EPO/Ecosociété, 1994.

Et, sur l'usage sélectif des droits de l'homme :

Noam CHOMSKY, *Le Bouclier américain, la Déclaration universelle des droits de l'homme face aux contradictions de la politique américaine*, Paris, Le Serpent à plumes, 2002.

Sur l'analyse des médias, particulièrement concernant la différence de traitement entre les crimes commis par nous et nos alliés ou par nos ennemis, voir :

Noam CHOMSKY, Edward HERMAN, *La Fabrique de l'opinion publique, la politique économique des médias américains*, Paris, le Serpent à plumes, 2003.

Et :

Noam CHOMSKY, *De la propagande : entretiens avec David Barsamian*, Paris, Fayard, 2002.

Le lynchage médiatique de Régis Debray à l'époque de la guerre du Kosovo est raconté dans : Pierre PÉAN, Philippe COHEN, *La Face cachée du Monde*, Paris, Mille et Une Nuits, 2003, p. 527 et suivantes.

Sur la guerre du Kosovo, et le conflit yougoslave, il existe relativement peu d'ouvrages en français qui se démarquent nettement du consensus dominant, qui rejette le gros des responsabilités sur Milosevic et les Serbes. Pour une analyse approfondie du conflit dans une perspective critique, voir :

Diana JOHNSTONE, *Fool's Crusade. Yugoslavia, NATO and Western Delusions*, Londres, Pluto Press, 2002.

Et :

Maîtres du monde ? ou les Dessous de la guerre des Balkans, ouvrage collectif, Paris, Le Temps des cerises, 1999.

Ainsi que :

Jürgen ELSÄSSER, *La RFA dans le guerre du Kosovo. Chronique d'une manipulation*, Paris, L'Harmattan, 2002.

Et, sur le rôle des médias :

Serge HALIMI, Dominique VIDAL, « *L'opinion, ça se travaille…* » *Les médias, l'OTAN et la guerre du Kosovo*, Marseille, Agone, 2000.

Pour une réflexion critique conceptuelle de l'interventionnisme « humanitaire », voir :

David CHANDLER, *From Kosovo to Kabul. Human Rights and International Intervention*, Londres, Pluto Press, 2002.

Anarchisme

Pour une introduction aux différents courants et idées, voir :
Normand BAILLARGEON, *L'Ordre moins le pouvoir. Histoire et actualité de l'anarchisme*, Marseille, Agone, 2001 (citation p. 16).

La perspective propre à Chomsky est exposée dans :
Noam CHOMSKY, *De l'espoir en l'avenir. Propos sur l'anarchisme et le socialisme*, Marseille, Agone, 2001.

Pour les textes classiques, voir :
Daniel GUÉRIN, *Ni Dieu ni maître. Anthologie de l'anarchisme*, Paris, La Découverte, 1999, 2 volumes [édition originale, Paris, Maspero].
Pierre KROPOTKINE, *Œuvres*, présentation et choix de textes de Martin Zemliak, Paris, La Découverte, 2001.

Sur la science et l'évolution :
Pierre KROPOTKINE, *L'Entraide, un facteur de l'évolution*, Montréal, Écosociété, 2001 [Paris, Stock, 1906].
Pierre KROPOTKINE, *La Science moderne et l'anarchie*, Paris, Stock, 1913.

Une comparaison entre différents courants socialistes est donnée par :
Bertrand RUSSELL, *Le Monde qui pourrait être. Socialisme, anarchisme et anarcho-syndicalisme*, Paris, Denoël, 1973 [*Roads to Freedom*, Londres, George Allen and Unwin, 1966].

Et, pour la critique du marxisme soviétique :
Bertrand RUSSELL, *La Pratique et la théorie du bolchevisme*, Paris, Mercure de France, 1969 [Paris, Éditions de la Sirène, 1921]. [*The Practice and Theory of Bolshevism*, Londres, George Allen and Unwin, 1949 (1920).]

Finalement, pour une perspective politique progressiste et évolutive, voir :
Peter SINGER, *Une gauche darwinienne : politique, évolution et coopération*, Paris, Cassini, 2002.

CET OUVRAGE A ÉTÉ ACHEVÉ D'IMPRIMER
SUR ROTO-PAGE
PAR L'IMPRIMERIE FLOCH À MAYENNE
EN AOÛT 2003

N° d'impression : 57931.
N° d'édition : 7381-1092-X.
Dépôt légal : septembre 2003.

Imprimé en France